EL REENCUENTRO CON TU ALMA
Tiempo de oportunidad

Leandra Rangel

Reservados todos los derechos. No se permite la reproducción total o parcial de esta obra, ni su incorporación a un sistema informático, ni su transmisión en cualquier forma o por cualquier medio (electrónico, mecánico, fotocopia, grabación u otros) sin autorización previa y por escrito de los titulares del copyright. La infracción de dichos derechos puede constituir un delito contra la propiedad intelectual.

El contenido de esta obra es responsabilidad del autor y no refleja necesariamente las opiniones de la casa editora. Todos los textos e imágenes fueron proporcionados por el autor, quien es el único responsable por los derechos de los mismos.

Segunda edición
Publicado por Ibukku, LLC
www.ibukku.com
Diseño y maquetación: Índigo Estudio Gráfico
Copyright © 2022 Leandra Rangel
ISBN Paperback: 978-1-68574-230-0
ISBN eBook: 978-1-68574-231-7
LCCN: 2022918199

Este libro está escrito con la finalidad de compartir un aviso definitivo. En él se trata de exponer a detalle la gran oportunidad que por ahora tenemos todos para trascender a una vida plena. Somos mayoría quienes lo anhelamos. Leer este libro provocará un gran impacto. Lo expuesto en las siguientes páginas no son simples ideas. Puedes confiar en lo que aquí se dice, irá acompañado de bases y no de suposiciones, por lo que será difícil que te puedas confundir. Atrévete a reconocer los grandes beneficios que te ofrece la siguiente revelación que te mostrará una manera simple y definitiva para realizar un excelente cambio en tu vida. Ten la seguridad de que te aportara un maravilloso beneficio. ¡Ten confianza! Te recomiendo que no desperdicies esta exclusiva oportunidad de conocer la verdad, que sorprendentemente logrará el despertar de la mayoría.

Sé que quizás durante la lectura te surgirán grandes dudas, pero puedes confiar en que de cada una encontrarás la respuesta. Tal vez te sea difícil creerlo, y estoy de acuerdo contigo. Como están las cosas en la actualidad, sería más fácil desconfiar; sin embargo, no deberías dejar de buscar la manera de vivir de una manera más satisfactoria, de alguna forma eso sería conformarse. Si eres de los que aún creen que en un día no muy lejano será posible vivir justicia para la humanidad, no dejes de leer, ya que podrías perderte una excelente revelación que te puede ayudar a descubrir quién eres y las cosas maravillosas que puedes aportar al mundo. Toda verdad trae una forma diferente para compartir. Te invito a que descubras la que esta aporta y tomes la opción de elegir lo que es mejor para ti. La decisión siempre será tuya.

Capítulo 1

El rencuentro con tu alma transformará tu vida, tu forma de sentir y de pensar

Sabes que estamos viviendo una situación demasiado crítica, ¿cierto? Gran parte se debe a la trasmisión cada vez mayor de influencia negativa. El resultado se puede ver por el aumento cada vez mayor de la violencia, la lujuria, la infidelidad, las guerras, las estafas, la corrupción, la falsedad, solo por mencionar algunos. El mundo actual está tan inundado de estas prácticas que, como dice el dicho, el que no cae resbala. Fácilmente podemos involucrarnos en este tipo de conductas que muchos círculos sociales han llegado a considerar normales. Es fácil aceptar que, a pesar del gran esfuerzo de algunas personas, aún no ha logrado predominar la única guía que te puede enseñar cómo proteger tu vida y, más aún, la de tus hijos. Me refiero a la única influencia positiva plagada de los grandes valores, los cuales fueron minimizados desde hace milenios, por supuesto, no con buena intención. Es cierto que, a pesar de los conflictos y de las grandes desigualdades que hemos padecido hasta el día de hoy, por lo menos han hecho posible la supervivencia interna de algunas personas. Entiendo que te pueda parecer desalentador, pero no te preocupes, puedes confiar que muy pronto se multiplicarán.

Pero ¿es posible transitar de una influencia negativa a una positiva? ¿Cómo reconocer la que predomina en nuestro ser?

La respuesta es alentadora: el ser humano nace con el tesoro de los grandes valores en su ser interno, pero solo unos pocos lograron sentirlo y dejarse guiar por ellos. La mayoría ha caído en la trampa del engaño y se olvidó de su tesoro interno. Esto provocó que sin obstáculos el mal llenara el mundo de falsedad. Sin embargo, por lo que viví, te puedo afirmar que sí es posible transitar hacia este maravilloso tesoro, a través de una mirada profunda hacia tu interior. Podrás reconocer tus excelentes y a la vez tus erróneas decisiones pasadas y presentes. No te preocupes si al principio no te agrada mucho lo que ves o te cuesta un poquito aceptarlo; considera que, si tomas la decisión de vivir este proceso de transformación, lograrás despertar y atraer tu alma; de hecho, es la clave para poder trascender. Solo entonces podrás comprender que de nada vale intentar evadir tus errores, incluso los de los demás. Más adelante comprenderás que estamos en tiempo de gran oportunidad.

Es muy importante dejar de justificarse. A quien decida continuar con esa práctica le será imposible *trascender*, porque, al no aceptar ni reconocer sus errores, significa que no le interesa corregirlos. Por la dura experiencia que viví, sé la gran importancia que esto amerita. En realidad, yo solo trato de contribuir con esta gran información. Por supuesto, lo excelente sería que una mayoría se decidiera a ir a su *interior* para descubrir el estado de su *alma*. Es cierto que, en un principio, podría ser un trago amargo, pero te aseguro que más adelante se convertirá en un trago dulce. Dependerá de cada persona. Es la única manera que existe para que cada uno descubra quién es y pueda iniciar el control de su vida. Solo entonces podrá tomar su correcta y definitiva *elección*, la cual más adelante todos conocerán.

Si decides iniciar este proceso de transformación, es decir, tu limpieza interna, podrás confiar en que, al expulsar de tu *interior* a cualquier desagradable usurpador que sin saberlo le pudieras estar dando refugio, de inmediato le darás la oportunidad al *tesoro de la Fuente Suprema,* que más adelante, si aún no le conoces, tendrás el gran privilegio de conocer. Lo que no te emocionará mucho es conocer a estos usurpadores, es muy importante que los aprendas a reconocer. Pero ¿quiénes son estos usurpadores? Son aquellos que se apoderan de tu voluntad y su único objetivo es destruir todo lo que de alguna manera te puede ayudar y beneficiar. Lo hacen por medio de engaño, la falsedad, la trampa, incluso de ataques *internos y externos*. Buscan que te rindas para que jamás descubras *el gran poder de tu alma*. Ten paciencia, porque muy pronto los podrás identificar.

Si tomas la decisión de vivir tu proceso, iniciarás una lucha *interna* para expulsar y alejar definitivamente de ti todo lo que descubras que conscientemente tú no elegiste. Comprenderás la urgencia para salir de ahí a la mayor brevedad. Esta lucha que pronto se avecina de ninguna manera te ha de desanimar. Ten confianza, considera que más adelante descubrirás que en tu lucha ya no estarás solo. *Trascender* será necesario para tu plena libertad *interna y externa*; sin embargo, la decisión solo será tuya.

Intentaré de la mejor manera posible exponer a estos usurpadores, demonios, entidades malignas, incluso es necesario mostrar parte de su terrible alcance. Es importante que tú puedas comparar lo que en realidad prefieres para tu vida y más aún para la de tus hijos.

7

Tal vez te pueda resultar un tanto difícil de creer, sin embargo es una realidad. A pesar de tu horrenda experiencia de reconocer a la mismísima maldad, finalmente te alegrarás porque descubrirás que el *poder único* y verdadero solo le pertenece a *la Esencia de la Fuente Suprema,* incluso te sorprenderá la gran oportunidad que esto te aportará para que valientemente y con toda claridad los puedas conocer; de hecho, es necesario para que jamás vuelvas a errar tu camino.

Lo que pude mirar a través de mi dura vivencia lo trataré de exponer para que puedas comprender la influencia del mal. Es muy importante que reconozcas su terrible alcance y el porqué la urgente necesidad de tomar tu *elección* para que puedas comenzar una excelente transformación para tu vida y más aún para la de tus hijos. Sé que con este conocimiento lograrás recuperar o simplemente *despertar tu alma,* por supuesto, según sea tu caso. Comprende que solo tu *tesoro interno* es quien puede darte la guía para que logres *trascender* hacia una vida plena.

¿Cómo empecé a reconocer al mal? Buena pregunta. Sin embargo, por ahora te pido paciencia y confía que más adelante lo sabrás. Por el momento, solo te diré lo siguiente: el mal cuando posee a alguna persona se aferra y ya no la quiere soltar. La engaña, la encadena, la utiliza, la daña, le roba, incluso se enfurece y maldice a quien ya no le quiere servir. Enseguida mostrare algunos demonios que se apoderan de la voluntad de quien les da cabida. Pero no te preocupes, ahora es tiempo de oportunidad para liberarse de ellos:

La maldad. Trasmite necedad para lograr terribles desacuerdos, provoca grandes y pequeñas guerras que son las que vienen a dar mayor destrucción y sufrimiento a la humanidad y no da tregua alguna, porque sabe perfectamente que el tiempo para su exterminio está muy próximo, por lo que trata de ser ella quien extermine primero al hombre.

El cinismo. Le hace perder la vergüenza a su elegido para que se burle y dañe sin medida a los demás. No sabe que recibirá mayor sufrimiento y al final su completa destrucción.

El odio. A quien posee, lo somete para que reaccione con una malvada y loca actitud. Su malvado plan es que, siempre sin pensar, termine por dañar a quien esté a su alcance.

La aterrante crueldad. Logra que la gente que le da guarida provoque y cause sin límite el mayor daño posible en los demás: asesinatos, secuestros, chantajes, violaciones y otras barbaridades. Todo aquel que se deja poseer por ella jamás tendrá consideración ni se inmutará por el terrible mal que logra causar a las personas, a los animales y a todo el planeta en general.

El miedo. Es el causante de trasmitir un terrible y aterrante temor para trastornar y paralizar a la gente. Los aterra para que se paralicen y ni siquiera puedan pensar. Su maligno plan es que jamás logren salir de la intensa obscuridad.

La intriga. A quien posee, la enfurece para que sin remordimiento alguno levante falsedades de las personas que decide envidiar. El enojo la ciega y la enloquece para que no se inmute por el enorme daño que a sus espaldas les logra causar. Está claro que le da lo mismo dañar a la familia que a los demás.

La hipocresía. Adiestra a los que posee para que con gran facilidad logren fingir, les pone una careta para mostrarse como en realidad no son, solo para que logren suciamente sus malignos y horrendos planes: engañar y dañar terriblemente a los demás.

La debilidad. A quien posee, le quita todo ánimo para luchar, porque le obliga fácilmente a renunciar a todo esfuerzo que le permita continuar, lo que provoca que sea una presa fácil para todo mal. Lo trastorna para que crea que su fuerza ya jamás regresará.

La envidia. Le transmite a su poseído gran enojo, para que no pueda soportar el talento, las habilidades, la superación y todo lo que logran obtener los demás. La envidia lo termina por enloquecer, con el único propósito que logre dañar y destruir a la mayor parte de gente posible.

La ignorancia. Sus poseídos se encargan de trasmitir terrible influencia negativa a la humanidad. Su maligno y perverso plan es que la gente se mantenga confundida y en desacuerdo para que entre ellos mismos se logren dañar. A todos sus poseídos los enloquece para que se aferren y crean que todo lo saben, aunque no saben nada. Todo aquel que se haga acompañar por ella en completa ceguedad se mantendrá.

La arrogante soberbia. A la gente que posee le hace creer que no existe nadie mejor que ellos, incluso que no hay quien los pueda merecer, razón por la cual su actitud se torna déspota y muy ofensiva, buscando siempre y sin motivo el humillar terriblemente a los demás.

La iniquidad. Posee a quien la llama con sus terribles pensamientos, se apodera rápidamente de todo su ser. La iniquidad los apresura a sacar sus más bajos instintos para que sientan placer al dañar y contaminar con sus más sucias y perversas acciones a los demás.

La necedad. Cuando se apodera de una persona, se extiende y se expande rápidamente en todo su ser. Lo hace para mantenerla en absoluta ceguedad, se aferre y actúe sin ninguna claridad, contamine y dañe sin ningún remordimiento a todos por igual.

La mentira. Posee a su presa con el propósito de dañar gravemente a todos los demás. Disfruta al destruir con facilidad la imagen de sus inocentes víctimas. Le es trasmitida una gran habilidad para levantar falsos, no se intimida por destruirles.

La cobardía. Este malvado demonio a quien posee le provoca un escalofriante temor para anularlo por completo. Lo que busca es hacerlo presa fácil de todo mal. Su perverso plan es que cuando reaccione lo haga sin medida y a traición. Al final lo envía a su propia destrucción.

La falsedad. Cuando posee a una persona, la utiliza para que logre engañar con facilidad y con vil crueldad. Le trasmite horrendas artimañas para ganar la confianza de sus elegibles víctimas, las cuales no se dan cuenta de que más adelante les pagará con terrible daño e inmenso dolor. Estos malvados demonios les impiden a sus poseídos razonar para que jamás puedan sentir ningún remordimiento.

El abuso. Quien eligió a este demonio usurpador recibe malignas tretas para manipular, engañar y explotar económicamente, físicamente y, peor aún, internamente a los demás. El malvado poseído, sin escrúpulos, siempre actúa abusivamente, sin importar el terrible daño y el enorme sufrimiento que pueda ocasionar. Siempre estará al acecho para engañar y abusar de sus inocentes víctimas, y no solo buscará una, siempre tratará de aprovecharse de una multitud.

La traición. La persona poseída por esta entidad maligna es muy astuta. Posee terrible maldad, se gana la confianza de la gente y al final las traiciona sin ningún remordimiento. Con todo cinismo se burla de sus inocentes víctimas, no se inmuta por todo el dolor que logra causar, ya no razona, su demonio le controla.

El engaño. Los que le ceden su voluntad les trasmite y les da muchas estrategias para dañar y enriquecerse vilmente al manipular sin ningún remordimiento a los demás. Este demonio los hace disfrutar con gran cinismo por causar terrible confusión al mundo. Cuando no logra poseer a alguna persona se enfurece, por lo que se aferra para mandarle a terrible obscuridad.

El chantaje. A la persona que posee la daña sin piedad y la manipula, para que siempre logre actuar con falsedad, fingiendo incluso alguna enfermedad o hasta dañarse de verdad. No le permite mirar el terrible daño que logra causar a su familia, no se inmuta, ya no razona porque cedió su voluntad.

La malvada lujuria. Con gran astucia a quien posee le trasmite perversidad y locura para que ultrajen su cuerpo y su interior. Les hace creer que el sexo solo es para juego y diversión y no necesitan ningún control. De este demonio surge la maligna agresión sexual. Su perversión no tiene control, no se intimidan, no razonan, ignoran que la demente lujuria los convirtió en demonios y los arrastró rápidamente a su completa destrucción.

Entiendo que es muy simple y breve su definición, sin embargo sé que será suficiente para que empieces por ti mismo a identificarles con la guía de tu *tesoro interno*. Tengo la confianza de que ya puedes comprender por qué era necesario ponerlos al descubierto. Por las enseñanzas con las que tal vez creciste, pudieras pensar que estás cometiendo un error por identificarles; sin embargo, comprende que el gran error ¡es aceptarles! Amigo, es comprensible que tu primera sensación pueda ser de gran desconcierto y asombro, y lo entiendo. ¡Ánimo! Esto te beneficiará muchísimo por el simple hecho de poder ver con toda claridad a los malignos enemigo de la humanidad. Amigo, quienes de alguna manera hemos dejado intervenir a estos demonios, y más aun los que se han dejado poseer, surge todo el mal que cubre la tierra; sin embargo, relájate y ten confianza porque tu lucha dejará de ser a ciegas. ¿Recuerdas que te mencioné que el propósito de la maldad era destruir a la humanidad? Pues bien, simplemente porque sabía perfectamente que, cuando fuera descubierta por la humanidad, el exterminio más bien comenzaría para ella y sus demonios. Hoy tienes la oportunidad de comenzar tu limpieza *interna* y ser de los primeros en liberarse y formar parte de su primera caída, ya que su caída definitiva viene directamente de la *Fuente Suprema*. Toma acción, no te confíes, no sea que por algún motivo sin darte cuenta se haya introducido alguno en ti. Ahora es el tiempo y la oportunidad para *trascender* y salir de ahí. ¡Vamos! Tú puedes lograrlo. ¡Apresúrate!

La maldad, con toda su perversa compañía, es quien ha llenado de terrible dolor al mundo. Por supuesto, con el apoyo de todas aquellas personas que por error o por gusto de antemano la eligió. Si comprendes que ahí no perteneces, llegó el momento para decidir si aún continuas estático o si prefieres salir de ahí. Es tiempo de oportunidad para *trascender*. La decisión solo a ti te pertenece, por el hecho de que solo puede ser personal.

Me encantaría que no lo pienses demasiado. Las entidades malignas no tienen una especial elección por su presa, simplemente van por todos y lo mismo les da un rico que un pobre, un hombre que una mujer, un adolescente que un adulto, un servidor público que un líder religioso, un deportista que un doctor, un abogado que un profesor. En fin, se encuentra en todo nivel social. Como te conté, va por todos, sobre todo por aquellos a los que descubre que comienzan a ignorar su *tesoro interno* para hacer lo que les place o simplemente por manipulación. En realidad el resultado es el mismo.

¿Serás tú de los que decidieron por sí mismos acallar su *alma* para no escuchar cuando bien sabías que estabas haciendo lo incorrecto, o eres de los que la acallaste por sentirte superior a otros y con el derecho de criticar y juzgar sin ningún control a los demás? Cualquiera que sea tu situación, la decisión es tuya, solo a ti te pertenece. Solo recuerda que sobre aviso no hay engaño. Es importante que consideres lo siguiente: solo con la presencia de tu *tesoro interno* en ti podrás evitar que algún demonio te pueda poseer. Más adelante comprenderás que el tiempo tiene plazo, por lo que ahora debes tener en cuenta que, en adelante, los resultados para tu vida únicamente dependerán de tu *elección*.

Sé de los pioneros en quitar cualquier derecho que se atribuya alguna entidad maligna, echándole por completo de tu vida y más aún de tu *interior*. Puedes correr un gran riesgo si no tomas acción; sin embargo, la decisión es tuya. No esperes escuchar más experiencias tristes y desgarradoras que día a día le acontece a mucha gente, sería mejor evitarlas. Aunque tú y la mayoría de las personas se unan a su dolor, no conseguirán sanar su *alma*, por el hecho de que la decisión solo puede ser personal.

Sé de los primeros en debilitar al mal, ¡toma acción ahora! Quita cualquier apoyo que pudiera sostenerle, por muy insignificante que parezca. Puedes confiar en que, cuando la mayoría de las personas, al igual que tú, decidan quitar la *esencia de su poder*, a todos aquellos que ocultan sus malvados hechos para que no descubras que le sirven al terrible mal. Podrás confiar que de pronto ¡solos caerán! La maldad jamás logrará sostener a los que le sirven, porque no tiene ese poder; sin embargo, cuando alguien ya no le es funcional, o simplemente ya no le quiere servir, los tratan de dañar aún más. Por supuesto, jamás podrá lograrlo con quienes recuperen, conserven y escuchen su *tesoro interno*.

En realidad, más vale estar alerta. Es un hecho que la maldad se querrá defender con toda su furia, incluso tratará de alocar a toda la gente que por obvias razones siempre le ha servido para intentar evitar su derrota. No tienes de qué preocuparte.

No lo conseguirá, ten confianza. Más adelante comprenderás que su caída es inminente.

Entiendo que tengas algunas preguntas sin respuesta, da por hecho que muy pronto las descubrirás. Incluso te regocijarás por todo lo maravilloso que podrás descubrir más adelante, sobre todo al reconocer el gran beneficio que obtendrás al tomar tu *elección*.

Ahora bien, ha llegado el gran momento para conocer *el Tesoro de la Esencia Suprema*. A raíz de este gran conocimiento, tu vida jamás volverá a ser la misma. Surgirá en ti una enorme fortaleza que como relámpago te transmitirá confianza al saber que ningún usurpador se apoderará de ti jamás, porque la influencia positiva que de esta *Esencia emana*, se encargará de guiar tu vida a través de tu *alma* de tu *tesoro interno*. Excelente, ¿verdad? Compruébalo por ti mismo, no te detengas, sigue adelante y prepara todos tus sentidos.

Justicia. Cuando la conservas, te cuida y te guía desde lo más profundo de tu ser para que tu juicio siempre sea justo. Con alegría podrás mirar los maravillosos resultados para tu vida, tu familia, tu hogar, escuela, trabajo, etcétera. De tus excelentes decisiones no solo tú te beneficiarás, también las disfrutarán y se gozarán de ellas tu familia y muchas personas más, aunque que estén aún más allá de tu alcance puedes darlo por hecho. Radiante de felicidad, así será tu bello existir.

Respeto. Te cuida y te guía para que los resultados de tu vida solo sean de alegría y felicidad. Aporta belleza y hermosura a tu expresión y hechos. Te enseña a identificar con claridad la forma íntegra de *respetar* el derecho interno y externo de todas las personas en general. Confía en que por siempre serás correspondido. Recuerda esta frase tan conocida: *respeta* para que te *respeten*.

Amor. A todos les encanta. Viene a trasmitirle gran alegría y gozo al corazón. Además de darle un hermoso y radiante reflejo al rostro, provoca en el hombre y la mujer gran motivación para que siempre logren transmitir con naturalidad el gran *amor* que solo surge del *alma*, siempre lograran manifestar una maravillosa actitud.

Bondad. Trasmite la gran necesidad de dar y compartir de manera incondicional. Quienes de ella se hacen acompañar jamás buscarán beneficiarse de lo que dan, simplemente porque disfrutarán y se gozarán de la alegría y felicidad, de toda la gente que les sea posible apoyar.

Seguridad. Engrandece a quien de *ella* se hace acompañar. Le trasmite gran confianza en todo lo que se proponga realizar y, por supuesto, beneficia todos sus resultados, además de ofrecerle gran satisfacción en lo personal. Con la seguridad, vivirás feliz por el hecho de poder mirar el maravilloso cumplimiento de todas tus metas y logros en general.

Honestidad. Te ayuda no solo a identificar, también a aceptar con satisfacción tus grandes cualidades, dones y virtudes, además de reconocer las de tus compañeros con admiración y alegría, porque podrás comprender lo mucho que te beneficiará aprender a esforzarte siempre con limpieza y, sobre todo, con gran *honestidad* en todo lo que te propongas realizar para llegar a tus bellas metas. Disfrutarás de tus grandes triunfos, como también sabrás reconocer y aceptar los grandes logros de todos los demás. Incluso por sus alegrías también te gozarás.

Dignidad. Te ayuda a conservar tu valiosa integridad interna, física y mental, logrando como resultado reflejar siempre en ti una mirada limpia, transparente, bella, de gran satisfacción.

Orgullo. Te ofrece auxilio de manera muy oportuna, te trasmite gran fortaleza interna y externa para jamás dejarte caer. Es un gran privilegio para todo aquel que se acompaña siempre de él.

Coraje. Te ayuda para que continúes siempre hacia adelante, te auxilia para que logres vencer el cansancio y el dolor y jamás dejarte caer. Su bello propósito es que siempre logres mirar el cumplimiento de todos tus sueños en general y que, a su vez, los puedas disfrutar.

Conocimiento. Te otorga entre muchos otros beneficios la comprensión y el entendimiento para tu gran enriquecimiento interno y externo. Sentirás un gran regocijo por la gran confianza que te trasmite por el solo hecho de saber que jamás errarás el camino.

Sabiduría. Te trasmite comprensión para que logres identificar con facilidad que la *Esencia de la Fuente Suprema* es infinita y grande, como valioso es su camino, correcto y justo. Te ayuda a definir la bella guía que recibes por medio de tu más valioso *tesoro*: tu *alma*, quien siempre te acompañará para que te mantengas en el buen camino.

Inteligencia. La bella realidad de tus pensamientos y de todos tus hechos dichosos son todo los que de ella se pueden acompañar. Le pertenece el gran privilegio de trasmitir y dar, la completa guía para que siempre logres realizar todas tus acciones, con *justicia, respeto, amor, bondad, seguridad, honestidad, dignidad, orgullo, coraje, conocimiento, sabiduría, control, disciplina, orden, pulcritud, discreción, fidelidad, comprensión, agradecimiento, honradez, persistencia, responsabilidad, transparencia.* Pueden dar por hecho que vivirán felices, con paz, bienestar, porque todos sus bellos sueños siempre se cumplirán.

Control. Te guía para que logres conservar siempre la serenidad. Te ayuda a resolver con excelencia física y emocional toda simple, seria o fuerte situación. Con su gran apoyo mantienes el control, es la clave para que siempre logres encontrar la mejor solución.

Disciplina. Te guía para que puedas obtener una recta y correcta constancia en todas tus labores y actividades, transmitiéndote alegría y, sobre todo, gran emoción, para que jamás te detengas y puedas lograr la realización de todos tus bellos sueños y grandes metas que te propongas en la vida.

Orden. Te da la guía para que logres ser organizado, reduciendo maravillosamente de tu vida mayor desgaste físico y mental en todas tus labores y actividades. Tu gran recompensa se reflejará con el logro de todos tus objetivos.

Pulcritud. Su compañía es de gran importancia para tu vida personal, interna, externa e íntima. Con su belleza, siempre obtendrás impecables resultados. Su presencia te permitirá vivir con gran satisfacción. Su gran propósito en sí es que te conserves impecable desde lo más profundo de tu *ser*. Tu *alma* se regocijará.

Discreción. Es un maravilloso escudo de protección para tu vida y, más aún, para la vida y el futuro de tus hijos. Su compañía te enseña a conservar la estabilidad de tu hogar logrando tu completa felicidad por la confianza que te trasmite su gran *poder*.

Valentía. Te guía y te engrandece para que jamás sientas ningún temor y tu caminar lo realices con gran confianza y fortaleza. Su propósito es que sigas siempre hacia delante, y termines por lograr con gran esmero y valor, la metas que te propongas.

Fidelidad. Es quien te enseña a valorar y corresponder solo con transparencia y gratitud a tu pareja, familia, amigos. Te trasmite gran confianza y alegría por el hecho de saber cómo conservar tu muy valiosa integridad interna, externa, física y mental.

Comprensión. Te guía para que siempre te des la oportunidad de escuchar, te enseña a estar dispuesto a la reflexión con el único propósito de que logres reconocer y aceptar que todos tienen sus dones, talentos y virtudes para compartir. Por el gran hecho de aprender a escuchar se acelera tu crecimiento interno y externo, a la vez obtienes el gran privilegio de compartir *Esencia Suprema*, lo cual llena de gran gozo a tu bello *tesoro interno*.

Agradecimiento. Te motiva a corresponder con gran felicidad por cada apoyo recibido por todos los demás. Te permite reconocer que no te debe importar la magnitud o el simple detalle de lo que te haya sido compartido. Tendrás que considerar que la gratitud siempre es por igual. Será la guía para que siempre logres corresponder y agradecer con gran alegría y sinceridad.

Honradez. Te enseña a identificar con claridad tus pertenencias íntimas, físicas y personales, para que a la vez puedas reconocer las de todos los demás, con el propósito de que siempre logres *respetar* lo que no te pertenece. Vivirás feliz, porque su gran *poder siempre* se reflejará en *ti*.

Persistencia. Te da gran motivación para que siempre alegremente logres desarrollar toda tu capacidad interna y externa en todo lo que te propongas realizar. Incluso será una excelente ayuda para que no te importe cuántas veces te equivoques y lo tengas que volver a intentar. Comprenderás que tu gran propósito será que todo lo que emprendas lo tendrás que terminar. Te enseña a no desistir. Te trasmite gran entusiasmo para que siempre puedas ver el cumplimiento de todo lo que logres iniciar.

Responsabilidad. Te guía para que jamás puedas fallarte ni a ti mismo ni a los demás. Como resultado, te dará enorme satisfacción en lo personal, te transmitirá gran confianza. Su guía te acompañará hasta el cumplimiento final de todos tus proyectos y actividades.

Transparencia. Te guía siempre con gran limpieza y claridad en todo lo que logras realizar. Te ayuda para que jamás exista ninguna confusión por tu sincera actitud, ya sea en lo laboral, familiar o simplemente en una relación de amistad.

Entiendo que tal vez te parezca muy breve su definición. Por favor, considéralo, si tú puedes darle una mayor ampliación,

¡adelante! Es más, te invito. Por ahora lo que estoy tratando, a pesar de ser un tanto breve, es que te pueda ayudar a disipar alguna duda que pudieras sentir. Incluso se trata de que puedas reconocer la gran oportunidad que por ahora tienes para que con gran claridad puedas identificar de qué lado estás, o de quién por ahora te haces acompañar, y ya no importa si fue por gusto o por error. Lo que ahora importa es que logres valorar y comprender la urgente necesidad de tomar tu *elección*. En realidad, no puedes quedarte en medio, porque te quedarías sin protección, y no dudes que los usurpadores lo aprovecharían de inmediato. Si tu deseo es *trascender* a una vida plena, primero tendrás que enfrentar la realidad, y este sería tu buen comienzo. *Elige el bien* antes que el mal intente apoderarse completamente de ti, o simplemente te mande a obscuridad, o si ya te encuentras en ella, esta es tu gran oportunidad para salir de ahí. Por supuesto la decisión, solo es tuya.

Si eres de los afortunados que ya *trascendieron*, te doy mi más efusiva felicitación. Sin embargo, me encantaría llegar contigo hasta el final. En este momento, no importa quién eres o dónde estás, importa lo que decidas de acuerdo con tu situación. Te animo a que sin más tardanza tomes o simplemente confirmes tu *elección*.

Es tiempo de reflexión, de cambio, de fortalecer tus cimientos, de la recuperación de tu *tesoro interno* o simplemente de su despertar. Es importante que solo sea quien guíe tus pensamientos, hechos y actitud. Es tiempo de libertad, de construir, de *trascender* y confiar en ti. es tiempo para ser feliz por el simple hecho de contar ahora con bases firmes que ya jamás serán derrumbadas. Voy a darte un pequeño ejemplo de la forma tan simple en la que cambian los resultados ante cualquier situación, dependiendo del lado que estés. Será breve, no pretendo aburrirte.

La historia nos ha mostrado que ha existido una lucha eterna entre el hombre y la mujer por tratar cada uno de imponer su autoridad, un terrible desacuerdo que ha provocado grandes tragedias en la humanidad. Uno de los daños más silenciosos y a la vez devastadores que vive actualmente nuestra sociedad son los divorcios, la ruptura de tantas familias cuyo impacto afecta principalmente a seres inocentes, los hijos, quienes no logran desechar de su interior el gran dolor que les provoca la separación de sus padres. Sienten que pierden apoyo, guía y protección fundamental. En muchos de los casos, la situación se complica bastante porque la mamá tiene que trabajar más para sostenerles, termina por no darles el tiempo suficiente que le permita fortalecer en sus hijos la confianza en sí mismos, para que logren conservar su *tesoro interno* y a la vez alejarse a tiempo de toda mala influencia, y más aún de toda disfrazada tentación.

¿Cuál es la consecuencia? Cada vez más jóvenes desubicados y extraviados pasan a ser presa muy fácil del mal, por no contar con el acompañamiento y guía de ambos padres; de hecho, por ahora la mayoría de los padres están muy lejos de conocer los verdaderos cimientos de la *Esencia de la Fuente Suprema*, la cual, entre muchas otras cosas, nos enseña que donde la *justicia gobierna* jamás existe rivalidad. Es un hecho: con *respeto, amor y justicia* siempre surge la solución que logra beneficiar a toda la familia en cualquier circunstancia, lo que permite vivir en paz. En realidad, esta valiosa guía es un hecho que puede evitar la separación de familias, te aporta la *inteligencia* para encontrar la mejor decisión, la cual no daña y mucho menos perjudica a ningún miembro de la familia. Un hogar donde predomina el *Tesoro de los Grandes Valores* siempre logrará prevalecer.

Con este pequeño ejemplo se puede observar que tanto el machismo como el feminismo es destructivo. Es una forma fácil de dar entrada en su hogar a las entidades malignas. En algunos casos la situación se puede tornar más complicada, incluso podría ser de gran peligro, sin embargo, ¡alégrate!, porque ahora es tiempo de oportunidad para todo el que quiera tomar su *elección* por el *Tesoro de los Grandes Valores*. Sin embargo, cada persona será libre de su decisión.

Es fácil reconocer cómo pueden cambiar favorablemente los resultados en cualquier situación, por el solo hecho de intervenir *la justicia, el amor y el respeto*. Imagínate si también se une la *honestidad,* la *bondad,* el *agradecimiento...* Sé que tú ya tienes la respuesta, ¡apresúrate! Es tiempo de oportunidad para tomar tu *elección.*

En realidad, ahora mismo son muchos los que están sufriendo tanto que con gran desesperación tratan de pedir ayuda. Por eso me atrevo a proponerte un pequeño ejercicio. Será doloroso, pero te pido que no te detengas. Realmente lo considero necesario para remover de una vez por todas todo tu sentir. Primero, tienes que saber que esta es una realidad ignorada por la mayoría, como muchas otras más; sin embargo, ahora vas a comprender que este terrible mal como tantos otros no se debiera ignorar jamás por nadie, sobre todo por el gran dolor de los pequeños inocentes que han sido alcanzados por él.

Cierra los ojos. Imagina a un bebé, concéntrate hasta que consigas ver su bello rostro... ¿Lo viste? Parece espantado. Descubres que se encuentra solo. Lo ves llorando, giras la mirada y te llevas una terrible sorpresa. La única persona que se encuentra frente al hermoso bebé es un lujurioso violador. Quieres correr para alcanzarle, pero no puedes lograrlo. Lo que sigue a continuación lo sabes y es mejor no mencionarlo.

Perdón si ha sido muy difícil para ti; sin embargo, esto es una realidad. Día a día se escucha hablar de agresiones a menores. ¡Esto no puede continuar! Quizás resulta más fácil hacer oídos sordos para no sufrir, pero ¿por cuánto tiempo? El mal avanza cada vez más rápido, pronto podría llegar hasta a ti.

Considéralo. No esperes más, ahora es tiempo de oportunidad para que empieces tu lucha para *trascender*. ¡Decídete! Toma tu *elección* para iniciar la caída de la maldad. No te dejes intimidar. Solo a la *Fuente Suprema* le pertenece el *poder*, ten confianza. La solución está ahí. Tú puedes alejar al mal para siempre de tu vida. Tu *alma* despertó, ahora solo *ama* de verdad, *respeta* de verdad, comparte de verdad. Tu decisión siempre será justa si empleas la verdad. Confía en la guía que viene solo de tu *tesoro interno*.

Tienes razón en preguntar cómo carajos puedes detener o impedir la mala influencia si tú siempre debes respetar a todos por igual. No te martirices, la solución no consiste en combatir, agredir, someter, prohibir, incluso en intentar obligar, eso sería luchar como lo hace el mal, ese método le pertenece y lo utiliza para provocar grandes desacuerdos, incluso guerras, y muchas sin final.

Enfócate en compartir. Te invito a una lucha limpia y sin cuartel. Empieza por tomar tu *elección* para comenzar a trasmitir la *Esencia del Tesoro de los Grandes Valores*, que salga de ti el *coraje* para que no te detengas y te propongas que ni un bebé más, que ningún ser inocente pueda ser dañado jamás. Es una realidad de muchas que te ayudará a continuar.

Ten confianza, yo la tengo y sé que muy pronto una multitud de personas tomará su *elección* y se unirá, simplemente porque ha llegado el tiempo para transmitir y compartir *Esencia Suprema*. Sentirás la gran energía trasmitida por *el Tesoro de los Grandes Valores* que se encuentra en ti. Empieza a tomar acción, la solución está ahí. Recuerda: no importa dónde te encuentres, confía que estarás conectado en *esencia* con los de igual *elección*, por lo que será posible derribar cualquier negativa influencia que los servidores de la maldad traten de realizar o difundir. Jamás des marcha atrás, cuentas con las bases suficientes para sentir, trasmitir y compartir *el Tesoro de la Esencia de la Fuente Suprema*.

Sigue adelante, jamás te detengas. La *Esencia Suprema* no solo estará en ti, también cubrirá todo tu entorno. Es cierto que en todos los tiempos siempre han existido personas que han compartido *Esencia del Bien*; de hecho, ahora las hay. Te hablo de personas que se puede creer que jamás dejaron dormir su *alma*, amaron de verdad y nunca dejaron de buscar. Siempre trataron de transmitir influencia positiva, algunos con sus acciones, otros en una simple plática o conversación, como lo hacemos ahora tú y yo. Otros eligieron la escritura, expresándose por medio de libros; incluso ahora por el gran avance de la tecnología, algunos lo hacen por internet a través de videos. Sin embargo, hay que tener cuidado porque también se encuentran charlatanes, estafadores, mucho engaño y falsedad. Ten en cuenta que el mal por ahora en todo se ha introducido, sin embargo ya no te importará de dónde surja, tu *tesoro interno* activo muy fácil lo podrá identificar.

Amigo, en realidad el gran esfuerzo de estas excelentes personas ayudó a que muchos evitaran apartarse de su *tesoro interno*. ¡Padrísimo! ¿No lo crees? Tú también puedes hacerlo. Jamás dejes de buscar, para que cada vez puedas compartir aún más. No importa quién eres ni a qué te dediques. Por supuesto, tampoco te presiones, cuando se te presente la oportunidad, en automático encontrarás la manera de trasmitir el *Tesoro de la Esencia de la Fuente Suprema*.

Sí, no esperes más, es tiempo de apoyar, de luchar por ellos, por nuestros niños y jóvenes, no lo dudes. Será una guerra *inteligente*, ganada con *justicia*, no con armas. Con la recuperación de tu *tesoro interno* habrás vencido a las entidades malignas que han cubierto al mundo con sus demonios: la crueldad, la corrupción, la lujuria, la violencia, la falsedad, el engaño etcétera. Es hora de actuar, ten en cuenta que su perverso plan es alcanzar a todos.

Recuerda: que ni un solo niño sea víctima jamás. O actuamos o esperamos a que el mal continúe destruyendo, incluso, a la población en general. En realidad, es muy importante reaccionar antes de que llegue de arriba la *intervención de la Fuente Suprema*, la cual solo por el gran *amor a su creación* ha detenido por un momento el exterminio de la maldad. Sabe que la mayor parte de la humanidad, ni siquiera se ha dado cuenta de que le está dando guarida.

El recuperar y el despertar de tu *tesoro interno* ¡es ahora! Expulsa lo antes posible todo el mal que se haya logrado introducir en ti, amigo, ha llegado la hora. *La Mano de la Justicia* viene pronto a realizar limpieza global para dar exterminio al mal, ¡apresúrate! Sal de ahí, reconoce el sufrimiento de mucha gente, incluso nuestro planeta Tierra de varias formas trata de protestar por el vómito que le provoca tanta sangre inocente derramada, incluyendo la de los animales. Incluso muchos llegaron a su extinción, y no se diga la terrible explotación de la naturaleza en general. Sé que, al igual que mucha gente, llegaste a pensar que no había solución. Alégrate, está en ti, entra en acción, límpiate, sacúdete y sal de ahí. Recuerda: solo a ti te pertenece la decisión de tomar tu *elección*.

Quien no quiera reconocer a los demonios que cubren la tierra continuará siendo engañado por los que le sirven a la maldad. Pero tú, al reencontrarte con *tu tesoro interno*, podrás mirar con los *ojos del alma*. Es tiempo de oportunidad para todos los que quieran *trascender a una vida plena*. Amigo, te pido un poco de paciencia, considera que aún hay mucho que contar. ¡Sigue adelante! ¡No te detengas!

Después de pasar por este gran proceso de trasformación, con tu *tesoro interno* obtendrás una gran capacidad para percibir y reconocer a la gente que se decidió por la otra opción. Incluso algunas veces no será por sus hechos, porque son engañosos, los reales los saben esconder muy bien. Aunque hay algunos a los que no les importa y transmiten maldad con todo cinismo, ellos están conscientes de que la mayoría de la gente se encuentra manipulada, cegada y dormida. Saben que no escuchan ni ven el mal que transmiten y provocan. Es difícil creerlo, pero aún les aplauden. Amigo, considera que al tomar tu *elección* y contar con tu *tesoro interno* obtendrás gran confianza y *seguridad*. Con naturalidad sabrás identificar a todo aquel que intenta dañar o transmitir influencia del mal.

Tal vez te preguntes cuál será la reacción de todos los engañadores que no quieran aprovechar esta gran oportunidad para corregir sus acciones. Difícil saberlo, pero no imposible. Sería incoherente creer que todos estarían dispuestos a renunciar a todo lo que han obtenido, robado y abusado, incluso porque a muchos ya no les pertenece su voluntad, por lo que no les importara poner un alto al terrible daño que han provocado y transmitido alrededor del mundo. Se debe entender que continuarán al acecho para contaminar y seguir destruyendo lo que sí puede beneficiar a los demás. Suena triste y desalentador, ¿verdad? Lo es. No podemos negar que desde hace milenios y hasta el día de hoy sigue pasando. Sin embargo, ahora es muy importante lo que decidas para tu vida.

Por favor, tómalo con tranquilidad; es más, que esto no te perturbe, todo lo contrario, recuerda que tu gran poder se encuentra en tu *tesoro interno*. Puedes confiar que te dará gran fortaleza para que sigas adelante, incluso con gran *valentía* te atrevas a identificar y reconocer sin error a cada uno de ellos, con el único fin de que te apartes y por ningún motivo te vuelvas a involucrar con personas, grupos o círculos sociales que te quieran trasmitir cínicamente o muy sutilmente a los usurpadores para que le sedas tu voluntad. Con el poder de tu *alma* vas a comprender que uno de sus muchos malignos planes siempre ha sido sujetar y controlar a los demás a través del engaño y la falsedad.

Escucha a tu *alma*, confía que podrás mirar con sus ojos, detente cuando te diga que no formes parte en ciertas acciones, solo entonces podrás evitar que te dañen, roben y engañen. De hecho, te protegerá para que jamás vuelvas a entregar tu *esencia*, la fuerza de tu poder, puesto que solo la utilizan para provocar mayor daño al mundo. No seas cómplice. Desaloja de ti toda la pesada carga que te provocan las culpas ajenas. Podrás confiar que ya jamás caerás en su engaño, aunque siempre traten de justificarse. No apoyes más la falsedad, ¡aléjate! Confía que los reconocerás. Suficiente tienes con tus culpas para todavía cargar con culpas ajenas. ¡Tú puedes hacerlo! Deja de ser cómplice de los demás y verás que muchos resultados de tu vida empezarán a cambiar favorablemente.

Deja de apoyar a quien trasmite influencia negativa y falsedad al mundo, porque, a pesar de todo lo que han provocado, quieren seguir con sus propuestas engañosas, fingiendo que lo *bueno* es malo y lo malo es bueno. Siempre han buscado destruir la *verdad* con mentira, rechazan y acallan toda propuesta que pueda transmitir *esencia positiva*. Date la oportunidad de reconocerles plenamente, para que logres apartarte con tiempo de todo aquel que solo pretende trasmitir o realizar el mal.

Es tiempo de limpiarse y de quitarse toda culpa ajena. No es justo dar apoyo a quien su único propósito es destruir, dañar y abusar de todo lo que tiene vida en este tu maravilloso planeta. Puedes estar seguro de que todo aquel que no se inmuta por el dolor de los humanos, tampoco lo hace por ningún otro ser vivo, a los cuales también se les debe el mismo *respeto*. ¡Apártate, sal de ahí! Nadie tiene el derecho ni justificación para dañar y hacer sufrir a otros. No te dejes engañar. Cuando tú lo decidas, puedes dejar de ser su cómplice. No sigas aceptando cargar con grandes culpas que no te corresponden.

Tal vez te preguntes: ¿cómo puedo hacerlo?, ¿cuál es la forma correcta? No te aflijas, al tomar tu *elección* por la *Esencia de la Fuente Suprema*. Tu *tesoro interno* te guiará y te mantendrá muy alerta para que empieces a poner más atención en lo que la gente te propone, sin importar si está cerca o lejos de ti. Solo entonces podrás comprender lo fácil que te pueden involucrar para que te conviertas en cómplice de sus malas decisiones.

Compartiré un ejemplo que tal vez te pueda parecer muy simple, sin embargo, tú decidirás si te pudiera ser de beneficio. Por supuesto, no pienses que trato de enseñarte cómo guiar tu vida, la decisión de tomar tu *elección* solo será tuya, yo solo trato de compartir un poco de lo que me enseño mi dura vivencia y lo que he podido aprender al identificar con toda claridad el *Tesoro de los Grandes Valores de la Fuente Suprema*. ¿Qué te parece si nos vamos con alguno de tus amigos? Imagina que estás charlando con él y de pronto te cuenta con emoción que anda con una mujer. De inmediato comprendes que le está siendo infiel a su esposa. ¿Puedes mirar la manera tan simple para involucrarte como cómplice? Incluso dejan al aire a una entidad maligna. Sin embargo es un hecho que podrás detectarlo de inmediato si cuentas con tu *tesoro interno*, quien te dará la guía para que no te involucres. Es cierto que la infidelidad mucha gente ya la mira como algo muy normal, pero es un malvado demonio que ha provocado terrible daño, destruyendo familias y dejando desamparados a muchos niños. Nadie te puede obligar a ser cómplice, aunque sea un ser cercano a ti. Sin embargo, es cierto que tú debes respetar su decisión, pero eso no significa aceptar que te involucren. Lo mismo aplica en grupos grandes o pequeños, en redes sociales, programaciones televisivas, etcétera. Podrás confiar que, por tu excelente decisión, vivirás con gran alegría por el hecho de corroborar que tu *tesoro interno* siempre te dará la guía correcta.

Quien mira la infidelidad como algo normal pensará que esto tan simple no le puede afectar. Sin embargo, no es así, quien tome su *elección por el Tesoro de los Grandes Valores* tendrá la oportunidad de confirmar la realidad. Por supuesto, solo trato de exponer algún detalle que de alguna manera pueda aportar. Soy consciente de que por el momento cada ser humano sin excepción tiene la *oportunidad* de tomar su decisión para descubrirlo por sí mismo, sin embargo es un hecho, se tiene que aceptar y respetar a todo el que se decida por la otra opción.

Confía en que tu *tesoro interno* te dará la gran habilidad para identificar la *esencia* de los demás. ¿En qué te puede beneficiar? ¡Mucho! Comenzarás a aceptar a toda la gente tal como es, no tendrás ninguna excusa para seguirles rechazando solo por su forma de ser *externa*. Vas a comprender que, aunque no coincidan contigo en cuanto a sus preferencias, gustos, raza, no es motivo para no respetarles. Pronto vas a descubrir que esto no significa que dañen a los demás. En realidad, tu *tesoro interno* te dará la guía para acéptales con *respeto* y no distraerte con las cosas que en realidad no son de importancia. Es tiempo para dejar de criticar y de juzgar a los demás solo por el hecho de ser diferentes. Esto lo único que ha provocado entre las personas es división. Sin embargo, las entidades de maldad y toda la gente que le sirve son quienes siempre lo han aprovechado. Pero quien no quiera salir de ahí ¡será por su decisión!

Amigo, pregúntate a ti mismo en qué te daña la gente que no es de tu color de piel, de tu creencia, raza, o por el simple hecho de tener una preferencia distinta a la tuya, o tal vez por no pertenecer a tu círculo social o conocimiento intelectual, incluso porque son muy alegres, o no se visten como tú. Muy pronto comprenderás que son cosas que no afectan a tu vida. En realidad, esta simple acción terriblemente ha dañado a mucha gente, parte de la mala influencia que te mencioné en un principio. No se debe obligar a los demás a ser iguales, deja de luchar y querer destruir lo que no es de tu *elección externa*. Comprende que sería mejor que dejes fluir lo que no te afecta para que logres quitar una gran carga de tu vida. Confía que tu *tesoro interno* te corroborará que lo único que diferencia a las personas es su *Esencia*.

La guía que viene de tu *alma* te dará la oportunidad de empezar a confiar. No solo te quitarás una carga, también te ayudará muchísimo para que puedas empezar a comprender más a tus hijos. Es tiempo de alejar toda frustración por el solo hecho de descubrir que no son como tú quisieras. Sin embargo, es un hecho que, para ellos, será de gran valor poder contar siempre con todo tu apoyo, será para tu bienestar y más aún para la de ellos. Acéptales tal como son, con gran *amor* dales el *respeto* que se merecen. Comprende a tus hijos para que jamás aparten su *tesoro interno* de su vida. Serás muy feliz porque, aunque su *elección externa* sea diferente a la tuya, podrás confiar que nunca errarán su camino.

Tal vez por ahora no logres comprender del todo a donde conlleva esto, pero puedes confiar que más adelante no te quedará la menor duda. Lo que ahora importa es que logres realizar correctamente tu *elección interna*. Por favor, no te preocupes, porque, de hecho, la mayoría o tal vez todos de alguna forma caímos en alguna trampa y nos desviamos del buen camino. Sin embargo, la buena noticia es que, por ahora, todos tenemos el gran privilegio de emprender la lucha para salir de ahí. Es base para lograr *trascender*. Por favor, no te detengas, confía en que más adelante lo podrás corroborar.

¿Que si será difícil tu proceso? Muy buena pregunta. Sin embargo, comprende que nadie puede saber cómo será el proceso de otra persona por el hecho de que cada uno ha recorrido su propio camino bueno y malo. Lo que sí te puedo decir es que por ahora para nadie será imposible lograrlo para salir de ahí. Cuando comiences a enfrentar tu realidad y descubras lo que vive el mundo, sé que tu primera reacción pudiera ser de dolor, enojo, descontrol, tristeza, asombro. En fin, sea cual sea tu reacción, será comprensible. Sin embargo, no tienes por qué preocuparte, sigue adelante, es algo que pronto pasará. Tal vez te sirva de consuelo saber que la mayoría se encontrará en la misma situación. La razón se debe a que la mala influencia se dispersó en toda la tierra. Sin embargo, ¡alégrate! Al tomar tu *elección* te unirás en *esencia de la Fuente Suprema,* con los que comenzaran a extinguir al mal.

¡Ten confianza! Es un hecho que adquirirás gran fortaleza para lograrlo, porque ya jamás lo harás en soledad. Te acompañará el grandioso *Tesoro de los Grandes Valores de la Fuente Suprema*, que jamás se apartará de ti. Después de todo, muy pronto lo podrás corroborar. Alégrate, porque la única finalidad de esta bella compañía es que jamás vuelvas a errar tu *maravilloso camino*. Muy pronto comenzarás a dormir con gran tranquilidad.

Será maravilloso cuando descubras que, a través de tu *tesoro interno,* reconocerás y escucharás la voz *de la Fuente Suprema,* y aunque por ahora te sorprendas por completo, pronto descubrirás que es la única manera para que puedas desechar con gran valor a cualquier usurpador que, de alguna forma, haya logrado penetrar o manifestarse en ti.

Lo importante ahora es que puedas comprender el gran valor que tiene el simple hecho de aprender a escucharte a ti mismo y dejarte guiar solo por tu *voz interna*, que viene de tu *alma*, donde radica la fuerza de tu poder, simplemente porque tiene la conexión y comunicación directa con *la Fuente Suprema*. Amigo, ¡esto es una maravilla! Podrás confiar en tu protección y adquirir gran fortaleza para rechazar y alejar a cualquier usurpador. Por favor, no vayas a pensar que esto es una simple historia de ciencia ficción, es una gran *verdad* que aún no termina. Confía que más adelante vas a comprender que solo estoy tratando de compartir algo de lo mucho que me fue mostrado y lo que pude aprender a través de mi dura vivencia, la cual muy pronto conocerás. Por favor, solo recuerda que la decisión para tomar tu *elección* ¡solo a ti te pertenece! Comprenderás el porqué, solo puede ser personal.

Capítulo 2

Es tiempo de actuar, de aprender a separar lo malo de lo bueno.

A continuación, el rencuentro de Raí con su amigo nos aporta una excelente revelación, imposible de ignorar.

Raí recibe a su Amigo con gran alegría y un efusivo abrazo al tiempo que le dice:

—Mi gran amigo, ¿qué has hecho en este tiempo? Por favor, dime cómo te va con tu excelente decisión. ¿Cómo te sientes?

El amigo, no muy entusiasmado, responde:

—Estoy bien, gracias, aunque pienso que tal vez soy egoísta al decir eso.

Raí lo miro con extrañeza.

El amigo continúa:

—Tú sabes que estoy en el inicio de mi proceso, me estoy esforzando mucho incluso cada día, busco tener mejor comunicación con mi *tesoro interno,* pero te confieso que al mostrarme la triste realidad que vive mucha gente para nada fue de mi agrado. Me lamenté muchísimo, sin embargo es cierto que mi vida personal y familiar ha ido cambiando favorablemente gracias a mi *elección*. Ahora trato de que mi guía solo venga de mi *alma*. No niego que mi proceso está siendo complicado, sin embargo no te puedo negar que me siento muy afortunado. Raí, me gustaría conversar contigo en profundidad, tengo algunas dudas y confió que me puedas ayudar con algunas respuestas.

—Por supuesto. Si tengo las respuestas me dará mucho gusto poder ayudarte. Incluso tú sabes que puedo entender cómo te sientes. Lo sé porque, cuando comienzas a mirar con los ojos del *alma,* es cierto que te decepcionas y es muy doloroso. Sin embargo, es necesario para comenzar a separar lo malo de lo *bueno*. Solo entonces con premura iniciarás tu limpieza *interna* para salir de ahí. Es cierto que cada uno vivirá su proceso de forma diferente, sin embargo, puedes confiar que para nadie le será imposible lograrlo. Amigo, me alegra mucho verte de nuevo, pero percibo en ti cierta preocupación. ¿Qué te aflige?Ante esta pregunta, el amigo no tuvo más remedio que ser sincero consigo mismo y reconocer que día a día sentía un gran pesar por todos los niños que son maltratados y dañados terriblemente. Incluso no podía soportar el maltrato tan grande que reciben los animales. Tras una gran pausa, al fin encontró las palabras para expresar su sentir.

—No sé cómo explicarte... —dijo el amigo—. En realidad, no se trata de mí. Hay momentos en los que siento demasiada tristeza y me pongo a llorar como un niño. No puedo aceptar el dolor y sufrimiento que viven muchas personas y me agobio de gran manera por todos los seres vivos del planeta que son maltratados. Identificar la realidad te hace crecer para ser un mejor ser humano, sin embargo esto no me permite manifestar mi alegría, me daña y me perturba de gran manera. Cuando escucho alguna tragedia por algún medio de difusión, sobre todo cuando se trata de niños, no lo puedo soportar. Comprendo que no es justo y solo me repito a mí mismo: «¡*Esto tiene que cambiar!*».Raí da un gran suspiro y espera un momento para que se recupere su amigo. Entiende perfectamente que el sentir de su amigo tiene su razón de ser, su *tesoro interno* ha resurgido en él, por lo que ahora ya puede mirar con los ojos del *alma,* lo cual le permite identificar fácilmente la realidad que acontece en nuestro mundo.

—No desesperes ni decaigas —expresó Raí con entusiasmo—. Te repito: ¡todo tiene su razón de ser! *Trascender* te traerá grandes alegrías. Sé que al principio es duro, sin embargo es mejor que vivir una realidad manipulada y obscura. Continúa avanzando, no te preocupes, esto se te pasará muy pronto. Es necesario y muy importante vivir tu proceso, para que más adelante logres descubrir mayores revelaciones que vienen de tu *tesoro interno*. Te cuento esto porque esa dura vivencia también la experimente yo.

El amigo entendía lo que Raí le decía. Sabía que sus ojos ya podían ver, oír y sentir el dolor de los demás. Es claro que ya podía identificar plenamente la injusticia, el abuso y aún más crueldades que muchos por ahora padecen, y eso duele. Pero, a pesar de ello, *no solo deseaba que se le pasara*, eso no sería una solución, por el dolor que sentía; más bien por momentos deseaba volver atrás, tal como estaba antes cuando no podía ver, oír y menos sentir, no porque quisiera dar marcha atrás hacia la maldad, sino porque se sentía realmente adolorido ante la realidad que ahora su *alma* le dejaba entender. Sin embargo, aún ante su propio dolor, no pudo evitar reaccionar con asombro ante las últimas palabras mencionadas por Raí y de inmediato preguntó:

— La experimentaste? ¿Cómo lo superaste? Por favor, dime cómo lo lograste. Llegué a pensar que sería imposible, pero si tú lo dices lo creo. Dame la solución, por favor —le insistió su amigo a Raí.

—Amigo, entiendo tu dolor, sin embargo vivir tu proceso es necesario por muchas razones, y una es para tu crecimiento *interno* —le dijo Raí con una expresión relajada—. Mi proceso fue diferente y un tanto más complicado. Más adelante te lo compartiré y sé que te sorprenderá mucho, incluso puedes confiar que con mi vivencia obtendrás algunas respuestas. Solo te adelanto que fue muy triste y doloroso por el hecho de que no tuve con quien comentar cómo me sentía. Pensé que sería muy complicado que alguien pudiera comprender lo que me estaba pasando si yo aún no lo comprendía. Exteriormente me encontré en completa soledad. Preferí no arriesgarme, incluso ni con las personas más cercanas. En realidad fue muy duro para mí porque no tenía idea de lo que estaba viviendo. Pero continúe hacia adelante, y a pesar de que muchas veces sentí que desfallecía, jamás pensé en rendirme. Amigo, considérate afortunado, por lo menos tú estás consciente ¡de que estás viviendo tu proceso!

»En realidad, yo no comprendía lo que me estaba pasando, y menos aún cómo es que me mantenía en pie. Sin embargo, cuando descubrí que fue la *Fuente Suprema* quien siempre me sostuvo me puse a llorar, porque hubo muchos momentos en los que llegué a pensar que por mis malas decisiones pasadas me habían abandonado; sin embargo, aunque aún continúe por mucho tiempo viviendo situaciones muy duras *internas* y externas, fui adquiriendo cada día mayor fortaleza por el hecho de saber ¡que jamás me abandonaron!

»Amigo, más adelante vas a comprender, porque ahora es tiempo de oportunidad para trascender, renovar, construir. Por supuesto, primero cada persona deberá rescatar o reencontrarse con su tesoro interno para salir de ahí, sin embargo comprende que nadie lo podrá lograr sin vivir su proceso. Por supuesto, para vivirlo dependerá de su elección, en realidad. Espero que al conocer el Gran Aviso que me fue indicado por la Fuente Suprema, para compartir, la mayoría no solo se decida, sino que también se apresure en aprovechar esta definitiva y gran oportunidad de vida, que por ahora se nos ha otorgado. Sin embargo, la decisión solo puede ser personal, individual, por la razón que nadie puede vivir el proceso de otra persona.

Por la gran claridad que tenía Raí respecto al proceso a través del cual despertó su *alma*, consideraba que debía esperar el momento oportuno para ir revelando a su amigo los detalles de su propia vivencia. Sabía que durante la conversación se acrecentaría mucho su proceso, sin embargo no quería que se confundiera y fuera a pensar que tenía que pasar por lo mismo. En realidad el camino para despertar cada persona su *alma* es algo único y personal. Cada uno tendrá su propia vivencia por la gran diferencia de cada ser humano. Sabía que la fórmula exacta para no sentir temor y adquirir gran fortaleza solo vendría de la guía de su *tesoro interno*. Lo que Raí podía y estaba dispuesto a hacer era acompañar a su amigo y apoyarlo en su proceso externamente. El apoyo *interno* solo viene directamente del *Tesoro de la Fuente Suprema*.

—Amigo, yo aún sigo en proceso, porque en realidad no se deja de aprender, y una de las primeras cosas que pude comprender es que se debe dar el espacio a la persona para que pueda llegar a reconocer y sentir por sí misma el *Tesoro de la Esencia Suprema,* tal como tú lo estás haciendo. Sin embargo, es vital informar detalles de mi dura vivencia. Es clave para el urgente despertar *interno y externo* de muchos. Solo entonces van a comprender la gran importancia de tomar a la brevedad su *elección,* Amigo, es maravilloso poder conversar con alguien que tomó su *elección*, espero pronto se decida la mayoría —explicó Raí—. Así que, sin pretender ignorar lo que me preguntas, me gustaría que me cuentes más de ti. Me has contado lo que te aflige a partir de que tomaste tu *elección* para lograr *trascender,* sin embargo no has mencionado con detalle cómo te va con algún cambio positivo.

—Vaya ¡sí que sabes cómo levantarme el animo! —expresó el amigo con una gran sonrisa—. Con mi familia voy de maravilla, es algo que con palabras no se puede explicar, aunque lo intentaré. No te niego que me ha costado mucho trabajo enmendar mis errores en mi hogar, sobre todo ganarme nuevamente la confianza de mi esposa y de mis hijos, pero me estoy esforzando al máximo para conseguirlo. Ahora cada vez en mi casa, existen menos malentendidos, nos comunicamos y respetamos mutuamente; es más, pienso que ya he sido capaz de reconocer todos mis errores, lo cual me ha permitido recuperar el *amor* que yo sentía que mi familia había perdido en mí.»El resultado para mis hijos ¡ha sido padrísimo! Te puedo decir que me siento con mucha seguridad, porque ahora unidos nos esforzamos para que nuestra guía solo venga del *Tesoro de los Grandes Valores*. Claro, estamos en proceso, pero por convicción queremos que sea lo único que dirija nuestras vidas, el punto es que ya jamás erremos el camino. En mi trabajo, con algunos compañeros me he encontrado con algunas diferencias, nada que no se pueda resolver. En realidad, todo lo realizo con gran confianza y entusiasmo, porque ahora sé que todo lo puedo lograr. Sin embargo, ahora me inquietas y a la vez me sorprendes sobre el *aviso* que te fue indicado para darlo a conocer. Por favor, cuéntame más sobre ese tema.

Raí se sentía afortunado de escuchar esta parte de la experiencia de su amigo. Sabía que pasar por el proceso de transformación, aunque era doloroso, traía consigo recompensas que hacían que todo valiera la pena. Incluso comprendía que aún más se regocijarán cuando conozcan la mayor recompensa que muy pronto se avecina.

—Padrísimo, realmente es formidable cómo trasmites tu gran entusiasmo —dijo Raí—. Al contarme esto, seguramente te das cuenta del regalo maravilloso que ha traído tu proceso a tu vida. Esperemos que pronto se decidan los demás para sentir y vivir en su *presente* esta realidad. Es importante que reconozcan que sí es posible cambiar el rumbo de su vida, *¡que su felicidad es ahora!* Amigo, más adelante sobre la conversación te explicaré con toda claridad cómo me fue indicado el *Gran Aviso*, ten paciencia.

Ambos comprendían que para poner orden en su vida y ser felices debían contar con su *tesoro interno*. Es la base para ver y escuchar lo que antes se ignoraba, solo entonces se tendrá la claridad para comprender. Sabían que era urgente el despertar de la humanidad. Raí confiaba que al conocer todos el *Gran Aviso* era muy posible que pronto se les pudieran unir en *Esencia Suprema* muchísimos amigos más, al tomar su *elección*.

—Raí, pienso que no debo hacerte esta pregunta. Entiendo que tal vez la respuesta yo la debo reconocer en mi proceso, pero si tú lo sabes, por favor, dime: ¿qué sigue? Esta es una de las preguntas que me hago todas las noches. Si tienes la respuesta, por favor dímela.

—Amigo, alégrate y permite que la paciencia te relaje, ¡créelo! Aún faltan grandes cosas las cuales debo compartir. Por lo pronto te adelanto que tenemos una *gran oportunidad* única obsequiada por *el Poder Supremo, creador* de este maravilloso planeta, de la humanidad y de todo lo hermoso que hay en él. Comprender esto atraerá gran fortaleza a toda la gente que sufre y por la cual tanto te afliges. En realidad lo que sigue es una excelente noticia para muchos, para otros no lo sé. Amigo, es el punto clave, lo que motivará a la mayoría para que sin tardanza tomen su acertada *elección*. Podrán comprender por qué urge que aparten y alejen completamente al mal de sus vidas. Ten confianza, ya no te martirices, *la Fuente Suprema* conoce el *tesoro interno* de todos.

—¡Lo sabía! No te imaginas cuánto deseaba conversar contigo. Gracias por decirme esto. Créeme, he pasado muchas noches en vela, incluso no me da pena decirte que, muchas veces llorando como un niño, mi *alma* no podía aceptar la gran indiferencia de la mayoría. Me lamentaba mucho por la gente que sufre y sobre todo por los *niños*, ¿me entiendes? No hallaba consuelo, sin embargo ahora comprendo que es muy importante que todos tomen su *elección* para poder mirar con los ojos del *alma*. Tus palabras me transmiten alegría y gran confianza, por el hecho de saber que aún nos tienes una excelente noticia. Incluso ya es grandioso saber que contamos con el *Tesoro de los Grandes Valores*. Solo espero que muy pronto la gente los pueda reconocer. Raí, no puedo contener mi gran emoción, discúlpame por estar tan sensible.Raí respira profundo, tampoco logra contener su emoción. Intenta respirar para reponerse. Después se vuelve hacia su amigo, lo abraza para tranquilizarlo y le dice lo siguiente:

—Amigo, créeme que te entiendo, tales noches sin fin y llenas de dolor también las viví yo. Pero ahora te digo: esos tiempos muy pronto se acabarán, ¡ánimo! Ten confianza, *la Mano de la Justicia* ya está sobre la *tierra*. Más bien alégrate por ser de los primeros en tomar tu *elección* y darte la oportunidad de iniciar tu proceso para *trascender*. Te confieso que lo único que me inquieta es no saber el tiempo que nos concederán para que todos o por lo menos la mayoría tome su *elección*. —Raí al mismo tiempo que habla extiende su brazo para abrazar a su amigo, quien intenta reponerse de las lágrimas—. No te preocupes, ahora solo continúa acrecentando el poder de tu *tesoro interno*, es la clave para dar batalla a los trasmisores de la maldad. Amigo, sé feliz y alégrate, le has quitado a los usurpadores un refugio. Ahora cuentan con uno menos que jamás podrán ocupar. Da por hecho que así será sucesivamente cuando los demás vayan tomando su *elección*. Lo siento por los que se decidan por la otra opción, es un hecho que cuando se reduzcan las moradas para los demonios, desesperados, solo buscarán refugio en ellos,

En fin, será su decisión. Es una realidad, la oportunidad para tomar cada uno su *elección* por el *Tesoro de los Grandes Valores*. ¡Es ahora! Amigo, confía que cada día iras adquiriendo para los momentos claves mayor fortaleza, ten paciencia.

—Sí, tienes razón, debo tener paciencia y continuar hacia adelante en vez de lamentarme. Es cierto que necesito adquirir mayor fortaleza, incluso para dar mayor apoyo a mi familia. Ahora entiendo la gran importancia de apoyar a mis hijos con *amor* para que siempre mantengan integrado el maravilloso *Tesoro de los Grandes Valores*. Sin embargo, me preocupa que mucha gente no crea y no le importe tomar su *elección*. Raí, ¿qué problema podría existir si la mayoría de la gente no quisiera escuchar?—Amigo, deja de martirizarte y comprende que cada ser humano será responsable de sí mismo. Amigo, con toda claridad me mostraron lo que pronto acontecerá, incluso me fue dicho: «¡*Ve y avisa!*», lo que significa que por ahora la oportunidad es para todos por igual. Sin embargo, la decisión es completamente personal para quien se decida en tomar su *elección*. Es cierto que sería fabuloso si la mayoría lo decidiera. Da por hecho que en un cerrar de ojos comenzaría a predominar la *Esencia Suprema*. ¿Te imaginas la transformación que se lograría en todo el mundo? Más aún cuando comiencen a surgir de la gente sus dones, talentos, habilidades, virtudes, y sean guiados solo por el *Tesoro de los Grandes Valores*. Da por hecho que se cubrirá toda la tierra, solo de la *Esencia del Poder Supremo*, Amigo, es una gran verdad, muy pronto miraremos la intervención de la *justicia en la tierra*.

—No me sorprendo sobre la señal que has recibido, ¡lo presentía! Créeme, no te puedo expresar la gran emoción que siente mi *alma* por el solo hecho de imaginar que todo lo que has mencionado pronto se haga realidad. En lo personal, con gran entusiasmo y alegría buscaré trasmitir *esencia positiva*. Mi andar solo será con *justicia, respeto, bondad,* etcétera. Y siempre que se me presente la oportunidad de compartir me esforzaré. Mi gran deseo es que nadie sufra, y menos los niños.

Raí comprendía que unidos en *esencia* podrían lograr mucho. Por supuesto, sabía que solo después del *gran día de la Fuente Suprema* se podrá lograr completamente. Sin embargo, era muy importante que primero la humanidad reaccionara para aprovechar la gran oportunidad que, sin merecerlo, ahora está siendo obsequiada para todos, pero comprendía que solo quien tenga la claridad del *Tesoro de los Grandes Valores* sería capaz de identificarlo en profundidad. Es cierto que *la Mano de la Justicia* muy pronto realizará completa limpieza de todo lo malo que hay en la tierra, sin embargo, comprendía que por individual a cada persona le corresponde realizar la corrección de sus malas decisiones. Incluso sabía que por nuestra seguridad era muy necesario realizarlo antes de la llegada del gran *día señalado*.

—Amigo, gracias a esto que me ha sido mostrado fue como pude reconocer que lo primordial para cada ser humano es tomar su *elección*. Es urgente que todos recuperen y se reencuentren con su *tesoro interno*. Solo espero que nadie se confunda. Esto no se trata de una sugerencia personal, ¡es la realidad!, una gran oportunidad y un *aviso definitivo* que me ha sido indicado y mostrado directamente por *la Fuente Suprema*, con el propósito de darlo a conocer para *alertarlos*. Dichoso quien lo crea y se prepare antes de que llegue sorpresivamente ¡*su gran día señalado*!

—Raí, comprendo lo que dices, tomar nuestra *elección* es fundamental si queremos aprovechar la gran oportunidad que se nos está dando —dice el amigo, nuevamente entusiasmado—. Entiendo que solo entonces seremos capaces de despertar el gran *tesoro* que llevamos dentro para enfrentar la realidad. Comprendo que es la clave para que surja todo nuestro potencial. Es necesario descubrir las cosas maravillosas que hemos venido a realizar en este mundo. Incluso ahora puedo entender que las entidades malignas y a los que utiliza nos desviaron del camino para evitar que todos pudiéramos vivir en libertad, felices y con bienestar.

— ¡Excelente definición! Amigo, es cierto, ahora es el momento para *trascender*, la única oportunidad que cada uno tiene para que surja el poder de su *alma*, tal como lo has mencionado. Es fabuloso solo imaginar a la gente que se decida en tomar su *elección,* incluso que se una en *esencia* con un solo propósito: realizar *justicia*. Alégrate y ya no te preocupes, lo mejor será tomar acción, porque el *gran día* muy pronto se aproxima.

—En realidad yo jamás dudé, de inmediato me decidí en tomar mi *elección* para iniciar mi proceso de transformación. Sin embargo, te confieso que fue sorprendente —dijo el Amigo—. Reconozco que me sentí un poco confiado, incluso llegué a pensar que pasar esta etapa sería muy sencillo para mí. Sin embargo me llevé una gran sorpresa cuando con transparencia comencé a reconocer *el Tesoro de la Esencia Suprema, la justicia, el respeto, el amor, la bondad, el agradecimiento,* etcétera. Créeme, me aterré cuando descubrí que, sin darme cuenta, siempre les había ignorado. Sin embargo, ahora me siento muy agradecido ante la *Fuente Suprema,* por darme la gran oportunidad de emprender mi lucha para salir de ahí.

—Amigo, la decisión fue tuya, bien sabes que es personal, sin embargo es una realidad. La *Fuente Suprema* siempre será el gran apoyo para todo el que decida *trascender*. Te felicito, incluso puedes confiar en que tu experiencia motivará a muchos a tomar su pronta *elección*. En cuanto a mí— confesó Raí—, mi vivencia fue muy diferente. Es cierto que ahora ya puedo sentir paz *interna* porque, aunque muy lentamente, me fue revelado el gran propósito, la dura experiencia que viví en un principio provocó en mí gran confusión y mucho desconcierto. Incluso llegué a pensar que no resistiría. Más adelante vas a comprender mis grandes momentos de angustia y desesperación.

Raí recordó lo mucho que lloró cuando corroboró que el azote que recibió con terrible furia no vino de *la Fuente Suprema*. Incluso sintió gran arrepentimiento por algunas veces pensar que le habían abandonado. Sin embargo, ahora ya podía reconocer que jamás le abandonaron. Entendía que, si lo hubieran hecho, no habría prevalecido. Pero solo con el tiempo fue adquiriendo mayor claridad y pudo reconocer lo que le estaba pasando, y fue cuando descubrió que estaba en un grave error.

—Cuánto lo siento, Raí —expresó el amigo—. En realidad, me tienes intrigado por conocer tu experiencia. Pienso que quizás podría entender un poco más lo que estoy viviendo y sobre todo lo que pronto acontecerá.

—Amigo, mi proceso fue diferente y muy complicado. Sin embargo, pude corroborar que todo lo que viví fue necesario para poder cumplir el *Gran Aviso Definitivo*. Más adelante podrás conocer y confirmar el porqué de mi dura experiencia. — Me desconciertas y me dejas con gran ansiedad por saber con certeza cómo fue tu dura experiencia, cómo viviste tu proceso —insistía el amigo—. Es cierto que ha sido complicado llegar al punto en el cual estamos, sin embargo ahora te debes sentir muy feliz por la riqueza de tu *alma*.

—Amigo, gracias por motivarme con tus palabras, no sabes lo mucho que me hubieran ayudado en los momentos más difíciles que viví —mencionó Raí con cariño—. Respecto a mi gozo, quiero decirte que es enorme, no tengo palabras para agradecer. Es un hecho, quienes vivan su proceso serán enriquecidos *internamente*. Amigo, incluso me siento muy feliz porque he podido reconocer que me rescataron de las garras del mal, que no solo trató de dañarme, ¡quiso aniquilarme! Y solo por la furia que le dio el saber que le llegó la hora, que su tiempo se le terminó.

Raí sabía que esta gran oportunidad era para todos por igual. Quien tome su *elección* ya jamás luchara solo. Sabía que la *Esencia Suprema* siempre le acompañaría. Se sentía feliz, quería gritar de alegría al saber que formaba parte del grupo de los rescatados, de los supervivientes de esta dura persecución que las entidades de maldad planearon con terrible furia para acallar *su alma*. Sabía que se había librado de mucho, se sentía feliz y afortunado de tener la oportunidad de compartir el *Tesoro de los Grandes Valores*. Era importante que se fuera pasando la voz de su existencia, comprendía la urgente necesidad de que todos lo pudieran conocer. Pensaba que muchos, tal vez al igual que él, cometieron errores, pero en realidad no quisieron actuar con mala voluntad. Sabía que todo el que quisiera evitar mayor daño a su vida por parte de la maldad, la clave está en tomar su acertada *elección*. Raí le dice a su Amigo:

—El tiempo ha llegado, llegó la hora de comenzar la gran batalla, es un hecho. Quienes tomen su *elección* contaran con la guía de su *tesoro interno* para comenzar a transmitir solo *esencia de la Fuente Suprema*. Amigo, la oportunidad es global, en realidad es muy importante que todas las personas estén informadas del *Gran Aviso definitivo* y de la gran oportunidad de vida que sin excepción por ahora todos tenemos. Sería excelente que la mayoría se decidiera en tomar su *elección*. Sin embargo, tendrás que *respetar* lo que cada persona decida. No te sientas culpable ni te martirices cuando alguien que aprecias se decida por la otra opción, solo envíale buenos deseos a su *alma*, comprende que cada ser humano será responsable de su propia decisión.

Raí sabía que no tenía alternativa y que debía exponer los detalles más relevantes de su vivencia, entendía que era muy importante para que le creyeran. Sentía que para cumplir el *Gran Aviso* era necesario hacer reaccionar si no a todos, por lo menos a la mayoría. Incluso le preocupaba no saber el tiempo que sería otorgado por *la Fuente Suprema*, para que todo el que lo decida con tiempo tome su *elección*. Raí trató de organizar sus pensamientos para exponer a su amigo lo que le fue mostrado. Estaba consciente de que sería una parte clave para dar inicio al destrono del mal. Al fin expresó:

—Amigo, el reencuentro de cada uno con su *alma* es ahora o nunca, la oportunidad que tenemos ¡tiene expiración! Es muy importante que cuando llegue el gran día de la *Fuente Suprema*, nos encuentre realizando *justicia, bondad, amor* con todo ser vivo, incluso con nuestro *planeta*. Por supuesto, sé que cada uno lo realizará conforme a la guía que reciba de su *tesoro interno*. Amigo, en realidad por momentos me preocupa no saber el tiempo que se nos concederá. Sé que aún no conoces cómo me dieron el *Gran Aviso*, ni la manera como me fue mostrado para exponerlo a la humanidad. Sin embargo, te adelanto que, por lo complicado de mi vivencia, me ha llevado mucho tiempo asimilar y ordenar lo que me ha sido revelado.

—Lo entiendo —dijo el Amigo—, sin embargo, con lo que me has compartido, estoy consciente de que todo el que tenga el privilegio de tomar su *elección,* con *bondad y amor*, tratará con premura de informar por lo menos a su gente más cercana. Es muy importante hacer saber sobre esta gran oportunidad con la cual por ahora contamos todos. Entiendo que habrá gente que por ningún motivo lo quiera creer. Da tristeza mencionar esto, pero en realidad mucha gente es completamente insensible al dolor de los demás. Claro, ahora ya comprendo el motivo de su reacción. Sin embargo, me alegra saber que ya no tendrán justificación.

—Amigo, te confieso que me siento muy feliz de poder compartir contigo. Agradezco mucho tu compañía y el gran apoyo que me has dado. Trataré de expresar lo más relevante de la dura experiencia que viví. Es necesario que nadie tenga la menor duda de su veracidad, incluso de la gran oportunidad tan maravillosa que por ahora tenemos todos.

—Amigo, lo que ahora importa es que toda la gente tenga la oportunidad de conocerla, incluso lo que has mencionado sobre dar a conocer cada uno a su gente más cercana familia y amigos sobre la existencia del *Tesoro de los Grandes Valores* y su gran oportunidad de tomar su *elección*. Será suficiente para que se vaya pasando la voz. Será una excelente noticia que comenzará a aliviar el dolor de mucha gente, incluso el de todo ser vivo en la tierra, por el excelente cambio que muchos comenzarán a realizar —dice Raí.

El amigo añade:

—Comprendo que aún muchas lágrimas serán derramadas por lo que aún se vivirá antes de la llagada del gran *día de la Fuente de Luz,* sin embargo comprendo que, si una gran parte de la humanidad se decidiera en tomar su *elección,* como lo has mencionado, en gran escala se comenzaría la gran batalla contra el mal, incluso por el solo hecho de ya no darle guarida.

—Amigo, todos son libre de su decisión. Sin embargo, yo quisiera que todos los que *no* le pertenecen al mal aprovecharan esta gran oportunidad. Sin embargo, no se trata de lo que yo quiera, dependerá de la reacción de cada persona. Solo entonces podrá iniciar su lucha para identificar el *Tesoro de los Grandes Valores,* incluso más adelante podrás corroborar la importancia de cubrir cada ser humano todo su entorno de la maravillosa *Esencia Suprema,* sin embargo será imposible para quien no recupere su *tesoro interno,* ya que es lo único que puede aportar grandes resultados a su vida. Amigo, esto no es para presionar, es una realidad, sería excelente unirnos en esencia antes del gran *día señalado.* Tomemos acción, pero no te preocupes por la cantidad que se decida en tomar su *elección.*

—Claro, ahora entiendo: en el *gran día* de la limpieza global, *la Fuente Suprema* nos podrá identificar porque portamos su maravillosa *esencia,* la cual nos unirá a quienes tomamos nuestra *elección* por su maravilloso *Tesoro de los Grandes Valores,* aun sin importar dónde nos encontremos —concluyó el amigo.

—Por supuesto amigo, ahí está la clave. Lo que importa es coincidir en nuestra *elección* por la *Esencia de la Fuente de luz*. Amigo, no es difícil imaginar el gran beneficio que se lograría si todos despertaran y decidieran reencontrarse con su *tesoro interno*. Da por hecho que se lograría a gran escala la primera caída de la maldad, incluso es nuestra responsabilidad realizarlo. Amigo, quien tome su *elección por el Tesoro de los Grandes Valores* de inmediato iniciará la primera caída de los demonios el cinismo, lujuria, engaño, envidia, egoísmo, infidelidad, etcétera. Simplemente porque dejará de dar guarida a la maldad que por ahora cubre la tierra. Aunque puedes alegrarte, porque su caída definitiva ya viene muy pronto, ¡directamente por *la Fuente Suprema*!

»Amigo, el tiempo es ahora para dejar surgir nuestro *tesoro interno* y comenzar a realizar verdadera *justicia*. ¡Sé que lo podemos lograr! Tengo confianza en que seremos mayoría. Es cierto que la maldad y a los que utiliza con gran furia tratarán de complicarnos la existencia, sin embargo no podrán evitar que nos multipliquemos. Ten en cuenta que el gran día para su caída definitiva... ¡ya comenzó!

—Raí, por ahora lo que me alegra mucho es comprender que, para unirnos en *Esencia Suprema,* no importara la distancia en la cual cada uno nos encontremos.

—Amigo, dalo por hecho. Incluso la confianza se reactivará en la gente casi en automático al coincidir en *esencia*, porque su guía ya solo será por el *Tesoro de los Grandes Valores* que fueron olvidados por milenios. El tiempo para *trascender* es ahora, solo que cada uno tiene el derecho de decidir lo que crea que es mejor para su vida y sobre todo para el presente futuro de la vida de sus hijos. Es una realidad, el tiempo de la maldad llegó a su fin, la *Mano de la Justicia* ya está sobre la tierra en espera de nuestra pronta reacción. Amigo, *la Fuente Suprema* que creó nuestro Planeta con toda la belleza que hay en él ¡ha venido a reclamarlo! El tiempo para justificarse ya se terminó. —En mi opinión — intervino el Amigo— no existe justificación para no aceptar lo que se mira con toda claridad; sin embargo, pienso que será muy complicado o difícil pensar que la gente con grandes riquezas y poder terrenal crean en el *Gran Aviso*. Considero que sería muy difícil que de pronto les importe realizar *justicia*, ¿no lo crees? — Amigo, no te confundas, hay gente con riqueza que por su gran esfuerzo y trabajo *honrado* ha sido recompensada por la *Fuente Suprema*. Lo que sí es un hecho es que a la mayoría se les olvido actuar con *bondad*. En realidad ¡ahora! es su gran oportunidad para corregirlo. Por supuesto, será su decisión. Aunque es muy cierto que hay otros con excesiva riqueza y poder terrenal que lo han ganado con abuso y trampa. Sin embargo, por ahora esta gran oportunidad de *vida* es para todos, aunque te confieso que para aprovecharla no bastará con el simple hecho de reconocer los errores si en realidad no se corrigen. Amigo, por favor ya no te preocupes. Al final, la decisión que cada uno tome para su vida será por su propia responsabilidad. Sin embargo, hay que pensar positivamente, aunque debemos aceptar que algunos de antemano ya tomaron la otra opción, pero confiemos que solo serán una minoría. —Es un hecho, habrá grandes cambios que todos iremos corrigiendo, aunque se comprende que unos más que otros, porque siempre ha existido gente que ha luchado para tratar de dar apoyo de alguna manera, ya sea en salud, economía, alimentación, información positiva, etcétera —aclaró Raí—. Son personas que han logrado el despertar de algunos y trasmitido *amor y gran confianza* en otros. Una gran diferencia a los que transmiten el mal es el motivo por el cual no debemos generalizar. Comprende que por ahora todos tenemos la misma oportunidad, incluso de alguna manera la mayoría estamos en la misma situación. Ten paciencia, el cambio se podrá reconocer en las personas sin necesidad de pregonar cuál ha sido su *elección*, porque su sola presencia derramará maravillosa *Esencia Suprema*. De igual manera sucederá con los que eligieron la otra opción. Es un hecho que no podrán ocultar los demonios que llevan dentro, simplemente porque llegó la hora de separar al mal del *bien*.

—Es una realidad, la mayoría hemos actuado con gran indiferencia ante las necesidades de otros, incluso con nuestra gente más cercana familiares y amigos. Algunos lo hacen esperando beneficiarse de las personas que apoyan. Entiendo que es un punto de cambio urgente. Será maravilloso cuando nos multipliquemos —dijo el amigo muy emocionado.

Ambos comprendían que era momento de gran oportunidad para el ser humano, se alegraban al imaginar que la mayoría se pudiera decidir en tomar su *elección* por el *Tesoro de los Grandes Valores*, sabían que era muy importante que, en el gran *día de la Fuente Suprema*, pudiera encontrar a la mayoría realizando *justicia*. Sabían que tal vez sería complicado, sin embargo, comprendían que, de lograrse, se darían increíbles resultados. —Raí, no puedo negar mi alegría por aquellos que, al empezar a vivir su proceso, ya no van a sentirse tan solos como nos sentimos nosotros. Sobre todo podrán sentir paz y alegría al saber que existe solución para toda la gente que sufre, será padrísimo para ellos.

—Amigo, es cierto que es tiempo de alegría por la gran oportunidad que nos está siendo obsequiada, sin embargo el cambio definitivo solo se logrará con la intervención de *la Fuente Suprema*, quien viene a realizar limpieza global en la tierra de todo lo malo que hay en ella. Comprende que para nosotros sería imposible lograrlo; sin embargo, por ahora nos corresponde esforzarnos y luchar para salir de ahí. Solo entonces lograremos *trascender*. Amigo, unidos podemos evitar una mayor sacudida a nuestro maravilloso planeta, incluso es nuestra responsabilidad. Es lo menos que podemos hacer en agradecimiento por esta enorme oportunidad que nos está siendo obsequiada. —Claro que lo entiendo, no te preocupes—contestó el amigo—. Al escucharte decir esto no puedo ocultar mi alegría. Incluso comprendo muy bien que, sin la ayuda *suprema*, nada sería posible. Sin embargo, al contar con su gran *apoyo*, sé que cada uno podrá lograr grandes cosas. No puedo ocultar mi emoción. En realidad esto ayudará a aliviar el dolor de muchos. Lo que más lamento es haber dado apoyo sin darme cuenta a quienes obran con maldad, Raí. Sin embargo, ahora nuevamente me sorprendes. ¿Qué significa «una mayor sacudida a nuestro planeta»?— Amigo, es cierto que cometimos un gran error al ignorar nuestra *alma*. Vivíamos sin saber de su gran poder por encontrarnos en completa ceguedad. Esto evito que pudiéramos dirigir nuestras vidas y a la vez reconocer el dolor y las necesidades de otros, pero ya ni para qué torturarnos. Ahora tenemos una gran oportunidad. Es tiempo de arrepentirse de corregir para poder *trascender* y estar en armonía con nuestra *alma*. Y aunque a nosotros nos beneficia, todos los *Seres* que conforman y pertenecen a *la Fuente Suprema* se alegran grandemente por cada *alma* rescatada —le alentó Raí—. Siento gran felicidad con el solo hecho de imaginar que cada día sean más los que decidan tomar su *elección* para rescatar y reencontrarse con su *tesoro interno*, incluso donde se encuentre cada uno, comience a realizar *justicia* y a cubrir todo su entorno solo de *Esencia Suprema*.Raí comprendía que la *Fuente de Luz* dio respuesta al enorme dolor y sufrimiento de muchos. Entendía que no existía nada que pudiera evitar lo que es inminente: el tiempo había llegado. Sabía que todos aquellos que se aferrasen en servir al mal no encontrarían manera alguna ni *argumentos* para evitar que la gente aprovechase su *gran oportunidad*. Incluso pensaba que la gente sin escrúpulos, los más cegados por el poder terrenal, la ambición y los de más bajos instintos, pudieran creer en el *Gran Aviso Definitivo*. Pensaba que tal vez se burlarían. En fin, sabía que sería ¡su decisión! Comprendía que era momento de alegría por el hecho de que el *Gran Aviso* aportará enormes beneficios visibles para todos los que tomen su *elección*.

—Amigo, no ignoremos a la gente que por sus propias razones eligió al mal. Estemos alertas, tenemos que aceptar que su maldad no tiene descanso. Nada los detiene para continuar dañando a la gente inocente que no tiene oportunidad de defensa, como es el caso de los niños y de los animales. Su maldad no tiene límite. Lo ideal será que todos se apresuren en tomar su *elección* por el *Tesoro de los Grandes Valores*. Amigo, entiendo que me debo esforzar para dar a conocer el *Gran Aviso definitivo*, porque sé que puede ayudar a muchos; sin embargo, el apoyo directo solo viene de *la Fuente Suprema*. Por supuesto, de acuerdo con su *elección*. Posteriormente el cambio se dará en automático, ¡créelo!

—Por supuesto que lo creo, solo *la Fuente Suprema* conoce el *tesoro interno* de todos y sabe quiénes en realidad tomarán con sinceridad su *elección*. Raí, tengo mucha inquietud por conocer tu experiencia —se disculpó el Amigo—. Perdón por insistir, pero me gustaría saber cómo te fue informado este *Gran Aviso*.

—Amigo, me disculpo. Es cierto que más de una vez con toda intención me he desviado del tema. Me di cuenta de que te encontrabas un poco alterado, sabía que al comprender mayores cosas te ayudaría para que te relajaras. También es cierto que explicarlo no me será fácil, incluso entiendo que algunos al principio no lo creerán. Sin embargo, confío que finalmente al conocer mi dura vivencia puedan reconocer su veracidad. En realidad, es un *aviso definitivo*; de hecho, es cierto que podemos detener un mayor daño para nuestro planeta, lo puedo afirmar porque me lo mostraron. Amigo, por la gran oportunidad que nos es obsequiada debemos *reaccionar* antes de la llegada del que pudiera ser el día límite para la humanidad.

—Pude sentir que todo lo que me has comentado tenía mucho más de fondo de lo que yo hasta ahora he podido comprender —dijo el Amigo y le suplicó—: Por favor, no guardes ningún detalle, porque considero que hasta el más mínimo es de vital importancia. Yo de antemano te digo que no tengo dudas, puedo mirar con claridad y entiendo que se nos ofrece una gran oportunidad. Sin embargo, esto que nuevamente mencionas sobre un gran daño a nuestro planeta y un *día* límite para la humanidad es muy preocupante.

Raí respiro profundo y al fin expresó lo siguiente:

—Amigo, te confieso que llegué a pensar que plantear mi vivencia no sería necesario, pero al comprender que es la última oportunidad que se le está dando a la humanidad *para subsistir* y sobre todo para evitar un mayor daño a la tierra, considero que no tengo alternativa. Incluso *ahora entiendo que es la base de todo*. Sé que este tema es polémico y durante largo tiempo mucha gente lo ha utilizado por muchas razones que no viene al caso mencionar, sin embargo, a diferencia de algunos, yo no daré fecha alguna y mucho menos diré suposiciones de hechos que no me corresponden. En realidad solo te he tratado de compartir lo que me fue mostrado y revelado a través de mi dura vivencia. El que la gente decida creer o no ya no está en mí, ¡no es mi responsabilidad!

—En realidad todo lo que me has compartido te confieso que ha provocado en mí una enorme alegría, incluso al mencionar que podemos evitar un mayor daño a la tierra —dijo el amigo convencido—. Sin embargo, es muy cierto, cada ser humano será responsable de su propia decisión.

—Amigo, es bueno informar, transmitir y motivar a otros para que logren su despertar, pero el obligar solo viene del mal, por lo que te pido que jamás lo intentes. Debes confiar que *la Fuente Suprema* de antemano conoce el *tesoro interno* de cada ser humano; sin embargo, es muy cierto, por su *gran bondad*, envía su gran *oportunidad* para todos.

Tras decir lo anterior, Raí estaba listo para exponer cómo fue que vivió su gran experiencia que lo había traído hasta aquí. Hizo un gran esfuerzo mental para ser breve y solo comentar los sucesos más relevantes. Al fin dijo:

—Considero de gran importancia mencionar que, aunque no tuve el tiempo para decidirme en pertenecer a un grupo religioso siempre les he *respetado*, incluso siempre *he agradecido con amor y gran sinceridad a la Fuente Suprema, por su gran bondad en mí y por la vida que me ha dado.*

»Amigo, era una noche como todas. Me fui a dormir y de pronto recuerdo que me encontraba flotando en el espacio. Frente a mí pude mirar con toda claridad la Tierra. Sobre ella, en la parte de arriba se hallaba una base horizontal de picos muy largos que la cubría completamente de lado a lado. En seguida pude ver cómo una *Mano* tomaba la base del lado derecho y la jalaba entre sí. Eso provoco que del lado opuesto una pequeña parte de nuestro planeta se quedara descubierta. Amigo, al mirar lo que en ese momento pasaba mis ojos casi se desorbitan.

»Pude ver claramente cómo se desmoronaba la pequeña parte de la Tierra que fue descubierta. Quise gritar: «¡Por favor, no!». Fue entonces cuando me di cuenta de que alguien me sostenía por detrás, porque de pronto pude sentir cómo se acercó a mi oído izquierdo para decirme con voz suave pero muy claramente: *«Ve y avisa»*. Por la gran ansiedad que estaba sintiendo por lo que me habían mostrado, al escuchar la voz me sorprendí tanto que no supe qué hacer ni qué decir, solo recuerdo que, a pesar de que me encontraba en el espacio, solo se me ocurrió querer correr para venir a avisar. Amigo, de pronto me encontré en mi cama con gran perturbación por la gran impresión que me provocó lo que había mirado y por la indicación que con toda claridad recibí del *Ser* que me sostenía.

»Después de unos días de intentar relajarme un poco, tuve que aceptar que no podía comprender la revelación ni la indicación que me dieron, lo que, si me quedo claro, fue que la experiencia que viví había sido real. Es cierto que, al no saber qué hacer, me quise engañar tratando de pensar que solo había sido un sueño. Sin embargo, no me dejaba de cuestionar, pensaba que por lo menos debí preguntar: «¿A quién le aviso? ¿Cómo aviso?».

»Amigo, después de un poco de tiempo de haber tenido esta fuerte vivencia, y aun estando con gran confusión, viene otra segunda revelación.

Me sucedió tiempo después que vi cómo se desmoronaba parte del planeta. Recuerdo que me encontraba caminando. De lejos pude mirar de pie a una persona hacia donde yo me dirigía. Pude ver también a otras personas caminar tranquilamente detrás de mí, pero todas separadas; de hecho, comprendí que no nos conocíamos. Al llegar a dicha persona, que alcancé a mirar de lejos, me sorprendió. Sin yo esperarlo, me dio una palmadita en la espalda y ligeramente con su mano me dio un ligero empujón dirigiéndome hacia un camino, al mismo tiempo que me decía: «Solo tú puedes seguir, aquí te esperamos».

»En realidad, como en la primera ocasión, fue una gran sorpresa para mí. Ni siquiera se me ocurrió preguntar nada, incluso ni tiempo me dio, todo fue muy rápido. Sin embargo, a pesar de no saber nada ni comprender a dónde iba, no me detuve y continúe caminando. De pronto empecé a sudar mucho por los nervios que empecé a sentir. Solo recuerdo que era un camino en medio de un bosque y, a pesar de que era de noche, el camino se miraba con lucidez, no tenía idea de lo que me iba hallar allí. Sin embargo, seguí hacia adelante sin detenerme.

»El camino se terminó. De pronto me encontré en medio de muchos árboles que formaban un gran círculo. Levanté mi cabeza y la fui girando lentamente. Los miré a todos. Recuerdo que eran enormes. Pude sentir que toda su atención se centró en mí. De pronto al mirar cómo se movían me di cuenta de que me estaban diciendo algo, aunque en ese momento no lo pude comprender. De pronto me encontré en mi cama, pero para mi sorpresa mi cabello y mi ropa se encontraba empapada en sudor. Claro, tiempo después comprendí que fue la manera de mostrarme que la vivencia fue real, tal como yo la sentí.

—Raí, me tienes asombrado y puedo entender lo desconcertante que fue para ti. Respecto a los árboles, se me hace fácil comprender que están muy enojados por la condición del planeta. Perdón por interrumpirte. Por favor, continua —dijo el amigo.

—En realidad, ya había tenido otras experiencias, pero no tan fuertes. Después comprendí que fueron pequeñas señales, pero yo las ignoré. Sin embargo, esta fue la segunda vivencia fuerte que experimenté, y efectivamente lo que sentí nuevamente fue un gran desconcierto. Para entonces, me fue muy difícil comprender lo que me estaba pasando. Te confieso que todo me fue revelado tiempo después, pero muy lentamente; sin embargo, lo que cuentas de los árboles tiene mucha verdad. Aunque, más que enojo, mayor es su preocupación, porque saben del *gran día* que muy pronto se avecina. Comprenden el gran peligro que sería para ellos y para toda la naturaleza en general si la tierra es duramente sacudida. Ellos entienden que la humanidad es la responsable y esperan que reaccionemos. Incluso más adelante comprendí que trataron de darme fortaleza para que resistiera y no diera marcha atrás, porque sabían de la dura experiencia que tenía que vivir, antes de que pudiera dar el *Gran Aviso*. Incluso con gran claridad pude comprender que los árboles me trataron de describir el duro camino que debía recorrer. Me mostraron que, aunque no supiera a dónde iba y me encontrara en obscuridad, no debía detenerme ni retroceder, siempre debía continuar hacia delante.

»Poco tiempo después de tener estas dos vivencias, comenzó un fuerte martirio para mí. Incluso, sin saber aún de qué se trataba lo que me habían mostrado, comenzaron a atacarme terriblemente malignas entidades que ni siquiera sabía que existían. Para entonces no pude entender el motivo de su furia hacia mí. Sin embargo, *la Fuente Suprema*, con el paso del tiempo, todo me lo fue revelando a través de mi dura vivencia.

»Por supuesto, mucho tiempo después pude comprender que mi martirio comenzó porque la maldad descubrió lo que me había sido asignado. Sin embargo, en ese momento yo aún no tenía la capacidad para comprender que fuera cierto lo que me habían mostrado. Pero por sus terribles ataques empecé a confirmar su veracidad. Amigo, tú mismo vas a poder confirmar su terrible aferramiento para tratar de detenerme. Su afán era impedir que yo pudiera cumplir el *Gran Aviso Definitivo*.

»Amigo, como todas las noches, me fui a dormir un poco tarde. De pronto me encontré en la parte de arriba de un lugar, miré un espacio y salté para entrar. Recuerdo muy bien que caí de pie. Era un lugar obscuro, con poca lucidez. Rápidamente empecé a mirar para ambos lados para tratar de identificar dónde me encontraba. De pronto lo primero que vi fue una cucaracha con una corona en la cabeza que caminaba muy relajada en dirección hacia mí.

»La miré unos segundos. De pronto, al percatarse de mi presencia y descubrir que la pude mirar, me dio la clara impresión que se espantó mucho, porque muy desesperada se giró rápidamente hacia el lado contrario. Incluso trato de correr para esconderse. Sin embargo, fue demasiado tarde, para entonces ya la había mirado perfectamente. Por supuesto, también para mí su reacción fue desconcertante; sin embargo, aún no podía comprender por qué se espantó cuando se dio cuenta de que fue descubierta. Después de que desapareció, intenté continuar investigando. Quería encontrar alguna señal para saber dónde me encontraba. Me asaltaron las dudas por no entender qué era ese terrible lugar, y más aún por no saber qué significaba esa cucaracha. Por supuesto, después pensé que, por la corona que llevaba puesta, sería una entidad maligna de alto rango. En realidad, yo aún no lograba comprender nada de lo que estaba viviendo. Sin embargo no tardé mucho tiempo en corroborar que en realidad me encontraba en el escondrijo del mal, porque, poco tiempo después del encuentro con la cucaracha, iniciaron hacia mí terribles ataques, seguramente les hizo saber de mi presencia.

»Después de algunos días llegó otra noche, en la cual pude ver que aún me encontraba en ese lugar tenebroso y obscuro, solo que ahora pude mirar que se trataba de una cueva. Pude ver a tres hombres, aunque sus rostros no pude verlos. Uno de ellos tenía un gato en la mano, el cual me di cuenta de que no quería hacerme daño; sin embargo, le obligaron a atacarme. Solo puedo decirte que fue terrible y real. De pronto uno de los hombres extendió la mano y el gato de inmediato regreso con él. Escuché cómo se burlaban. Más adelante comprendí que pensaron que sería suficiente para hacerme rendir, aunque en ese momento, al no saber nada, aún no pude comprender por qué me querían doblegar.

»Te confieso que vivir esto fue aterrador y muy complicado para mí, por no saber qué pensar ni qué hacer. Solo trataba de fortalecerme repasando la primera y la segunda visión. Pensaba que ahí podía encontrar alguna respuesta. Era lo que me daba fuerza para continuar, sobre todo cuando recordaba lo que me fue mostrado y la indicación que me dieron para que diera el *Gran Aviso*. Sin embargo, fue muy complicado para mí, porque aún no era capaz de comprender que era una gran *verdad*. Incluso en ocasiones llegué a pensar que, al encontrarme en ese lugar *la Fuente Suprema,* me había abandonado.

»Llegó otra noche y, como ya era costumbre, hasta la madrugada me vencía el sueño. Amigo, no podía creer lo que mis ojos estaban mirando: era un monstruo gigante en forma de serpiente. Recuerdo que me atrapó enrollándome completamente desde mis brazos con su enorme cola, fue una vivencia terrible. En ese momento comprendí que no tenía escapatoria. Con gran furia por detenerme, me encerró en el lugar más obscuro de ese lugar. Por supuesto, solo mucho tiempo después lo pude corroborar.

—Raí, es una experiencia terrible. He sentido un tremendo escalofrío. ¿Dónde te encerró? ¿Cómo lograste salir de ahí?—No sé cuánto duró mi encierro, aunque te confieso que se me hizo mucho tiempo. Más adelante pude comprender que esta terrible vivencia me ayudó a reconocer su escondrijo, su existencia, su forma de dañarnos, incluso su aferramiento por tratar de detenerme. Me ayudó aún más a corroborar que el *Gran Aviso era real.* Era obvio que no querían que lo cumpliera, para que no los alertara, y menos que supieran que el fin de estas entidades malignas ¡había llegado! Amigo, la serpiente pensó que me había vencido al encerrar mi *alma.* Es difícil explicarlo, solo te puedo decir que externamente vivía con una sensación terrible. Sentía un inexplicable vacío en mi interior. Esta dura experiencia me permitió comprender que lo ha hecho con mucha gente, incluso tal vez ni lo saben. Amigo, fue muy difícil para mí no poder contárselo a nadie. Me supuse que pensarían que estaba perdiendo la razón, puesto que hasta yo lo llegué a pensar.»Amigo, de pronto llegó una noche en la que el tiempo de mi encierro llegó a su fin, aunque no del todo, porque aún permanecí en ese obscuro lugar, incluso los ataques aún continuaron. Sin embargo, más adelante vas a comprender que, a pesar de lo terrible que aún viví, al ayudarme a salir de la intensa obscuridad fue un gran avance. Solo entonces pude continuar investigando ese lugar. Sabía que lo importante era encontrar la salida.

»Amigo, solo recuerdo que alguien habló muy cerca de mí. Se trataba de una mujer y, aunque en ese momento no le pude mirar por la intensa obscuridad, pude escuchar claramente cuando dijo: *«Esa voz yo la conozco»*. Por supuesto, al momento no pensé que se trataba de mí.

»Después de un instante, me fue guiando por un pasillo muy angosto. Pude sentir algunas manos que apenas lograban alcanzarme a tocar. Después comprendí que se trataba de otras *almas* que también se encontraba allí. Sin embargo, en ese momento para mí... ¡fue espantoso! Lo primero que vino a mi mente fue que me querían hacer regresar. Realmente me aterré, la oscuridad era tan intensa que apenas podía mirarlas.

»Conforme seguía avanzando, se iba aclarando un poco más el angosto pasillo, hasta que por fin llegamos a lo que pensé. Tal vez sería el final del camino. Me alegré un poco porque, a pesar de la obscuridad, había algo de lucidez. Por lo menos ¡ya podía mirar!

»La mujer se detuvo y yo hice lo mismo. Con la mirada intenté investigar rápidamente el lugar. Lo primero que llamó mi atención fue un espacio enorme que te dejaba mirar hacia fuera. Me sorprendió mucho incluso, fue lo que me hizo suponer que era una cueva bajo el mar, porque pude mirar como ola tras ola azotaba los muros de ese lugar.

»Amigo, de pronto ella se sentó en una piedra que salía del muro rocoso y yo hice lo mismo. En seguida se dirigió hacia mí, explicándome algo. Para entonces, por el estado en el que me encontraba *interna y externamente*, recuerdo que la escuché sin poder asimilar lo que en ese momento me contó. Por supuesto, tiempo después me alegré mucho cuando lo pude comprender. La clave era encontrar la salida, para que todas las *almas* pudieran salir de ahí. Sin embargo, en ese momento me encontraba tan mal que me distraje.

»Por supuesto, después me costó mucho trabajo asimilar el gravísimo error que cometí. Sabía que por lo menos debía ponerle más atención y no lo hice. Incluso tal vez me quiso decir algo más. Sin embargo, mi error fue porque recordé algunas visiones anteriores que me hicieron pensar que tal vez una persona cercana se pudiera encontrar ahí. Mi reacción fue tan rápida que me fui rápidamente a buscarle y me olvidé por un momento de la mujer que me ayudó a salir.

»Corrí con gran desesperación, pensando que tal vez necesitaría ayuda. Mi sorpresa fue grande al abrir la primera puerta que me encontré. Pude mirar claramente en el interior, algo así como se describe a los demonios, fornicando con una mujer. Solo puedo decirte que fue algo realmente espantoso. Me asusté cuando comprobé que el demonio se percató de mi presencia.

»No tuve opción. Cerré de inmediato la puerta y quise regresar con la mujer que me rescató de la intensa obscuridad, pero me preocupé mucho porque, al llegar al lugar, ella ya no estaba, no tuve tiempo de lamentarlo. En ese momento me desperté. Al sentirme a salvo en mi cama, me asaltaron las dudas. No lograba comprender por qué me distraje, fue el motivo por el cual no le puse más atención ni le hice ninguna pregunta.

»Entiendo que debí preguntarle quién era, qué era ese lugar, porque había *almas* encerradas y torturadas ahí, o por lo menos debí agradecerle por sacarme de la intensa obscuridad. Por supuesto, después de ese acontecimiento quedé con gran perturbación. Sin embargo, no te niego que, a pesar de la situación en la que me encontraba, sentí una chispa de aliento al recordar lo que ella contó antes de sacarme de ahí: *«Esa voz yo la conozco»*. En realidad, aún continuaba sin comprender lo que me estaba pasando. Sin embargo, aun sin estar consiente, yo trataba de alentarme, pensando que tal vez me rescataron por el *aviso* que debía cumplir.

Mientras los ataques continuaban, también externamente fui descubriendo cómo el mal sin piedad contamina y daña sin descanso; de hecho, pude confirmar que por ahora tiene el control de este mundo. Lo más triste es que solo algunos lo comprenden con toda claridad. Amigo, por mi dura vivencia pude reconocer lo pequeñitos y frágiles que somos. Te confieso que no podía entender por qué había tanta arrogancia, soberbia y maldad en mucha gente; sin embargo, más adelante lo pude comprender claramente.

Una razón es porque la influencia negativa se trasmite por todas partes y en todos los niveles sociales, incluso cubre toda la tierra. Por supuesto, mientras el tiempo seguía su curso pude corroborar que la furia de las entidades malignas es porque su caída ya comenzó, incluso la de todos los que le sirven. Amigo, las personas que lograron conservar su *tesoro interno*, como las que se decidan en tomar su *elección* para recuperarlo, podrán identificar, mirar y sentir la protección y presencia de *la Fuente de Luz*. Esto significa que jamás volverán a ser engañadas.

El amigo, asombrado ante semejante relato, le dijo a Raí:

—Te confieso que estoy muy impresionado, incluso aterrado. Ahora comprendo lo que antes me contaste. Tu experiencia fue terrible, creo que mostraste tener mucho coraje al resistir y sobre todo al conservar los terribles detalles de tu dura vivencia para poder compartirla. No hay duda de que fuiste la persona indicada.

—Por favor, ¡no digas eso! Para ese entonces me encontraba en *shock*, por no comprender lo que me estaba pasando. El conocimiento me lo fueron revelando muy lentamente, incluso no te será difícil comprender que mi lucha o más bien mi defensa, no ha sido con mi propia fuerza. De ser así, ¡hubiese perecido! También comprendí que no debemos luchar contra esas entidades malignas, es algo que a nosotros no nos corresponde ni debemos hacer. Incluso ni es necesario. En realidad me fue mostrado que para vencerlas solo basta con rechazarlas, no aceptarlas y quitarles todo derecho que se hayan adjudicado. Será suficiente, amigo. Su caída definitiva ya viene pronto, directamente de la *Mano de la Justicia*, que ya se encuentra sobre la tierra. Padrísimo, ¿no lo crees? Es cierto que ahora ya me ves y me escuchas con toda tranquilidad, sin embargo en los momentos más difíciles llegué a pensar que no resistiría. Incluso muchas veces sentí que desfallecía. En esos momentos *la Fuente Suprema* me permitía reconocer y sentir su maravillosa *Presencia* para darme fortaleza. Amigo, me cubría con un aroma delicioso, *¡un aroma único!* En realidad no podría descifrar su delicia, es cuando yo sabía que me decía: «¡Estoy contigo! ¡Jamás te dejaré!». Te confieso que, para entonces, no tenía la menor idea de que mi dura vivencia me prepararía para compartir el *Gran Aviso Definitivo*.

»Amigo, soy una persona con aciertos y errores. No soy más ni menos que nadie, soy un ser humano como todos, por lo que te pido de favor que no te confundas tratando de engrandecerme. Entiendo que era necesario reconocer ese terrible lugar para poderles compartir el dolor y la tortura que están viviendo las *almas* de mucha gente. Por supuesto, es un hecho que no lo saben. Amigo, ahora yo lo sé, porque me lo mostraron a través de mi *alma*. Incluso pude corroborar que, de acuerdo con los ataques que un *alma* recibe, se reflejan externamente en el traje físico de la persona. En realidad fue muy duro para mí, pero me abstengo de expresar lo externo, porque no es el punto. Amigo, sin embargo, alégrate. Quien rescate su *alma* obviamente dejará de padecer, incluso externamente su vida cambiará favorablemente por completo.

»*La Fuente Suprema* nos ama a todos sin excepción, incluso nos permite la misma oportunidad. Por supuesto, dependerá de cada uno tomar o no su *elección*. Amigo, en realidad fuimos nosotros quienes nos apartamos de su *Presencia* al aceptar al demonio del engaño, la ignorancia, el fanatismo y por otras múltiples razones, ¿comprendes? Sin embargo, aun sin que lo merezcamos, nos envía su *Gran Aviso* antes de su gran *día señalado,* en el cual viene a realizar *justicia,* no venganza. Es una limpieza global de todo el mal que cubre la tierra. Amigo, ¡es para gritar de alegría! En fin, como ahora tú lo has hecho, esperemos que pronto la mayoría se decida en tomar su *elección* por el *maravilloso Tesoro de los Grandes Valores.*

El amigo entendía a lo que Raí se refería: no más grandeza errónea a una persona. Todo lo que había vivido fue necesario; de hecho, no solo para avisar del gran *día* que muy pronto se aproxima, también para alertarnos de lo que es capaz el mal, incluso la manera de cómo desprenderse de él.

Raí continuó:

—Amigo, es cierto que hay gente que se distingue porque logra desarrollar sus habilidades, dones, virtudes, talentos. En fin, son personas dignas de admiración, incluso motivan y jalan a muchos en acciones positivas. Sin embargo, en el ser humano no existe la perfección, es motivo por el cual a nadie se le debe engrandecer erróneamente ni fanatizarle. Amigo, todos hemos venido con una responsabilidad para realizar en este mundo, y el tamaño o la inmensidad no es lo que importa, sino cumplirlo. Por favor, no nos cofundamos. »Amigo, lo que me ha sido revelado viene directamente de *la Fuente Suprema*, quien hasta el día de hoy me ha guardado. Corroborarlo me hizo sacar el *coraje*, aunque te confieso que, durante mucho tiempo, con su *Mano me sostuvo*. Por supuesto, lo pude corroborar, porque es cierto que siempre continúe, pero muchas veces sin fuerza alguna.

»Después de tanto tiempo de desconcierto, llegó una noche en la que, a pesar de que ya era casi de madrugada, no podía conciliar el sueño. No sé cuánto tiempo paso, pero de pronto me encontré en el sótano de una casa. No tengo idea de quién era, solo recuerdo que tomé una botella de alguna bebida y de inmediato me encaminé hacia la escalera para subir nuevamente. Poco antes de llegar escuché un fuerte ruido. Giré de inmediato para mirar hacia atrás y, créeme, lo que vi ¡me paralizó por un momento!: una mujer con su vestimenta toda desgarrada y horrenda salía de entre varias cajas de cartón que se encontraban en la última parte del sótano. Al verla venir hacia mí, me aterré, sobre todo al mirar que no caminaba, más bien volaba para alcanzarme.

»Rápidamente, me di la vuelta para subir corriendo. Sin embargo, me alcanzó y me agarró por los hombros para impedirme subir. Traté de luchar para zafarme; incluso quise pedir ayuda porque escuché voces en la parte de arriba, pero nadie pudo escucharme. Fue muy aterrador.

»Para mi fortuna, en ese momento logré despertar, pero, a pesar de que ya me encontraba fuera de peligro, sin salir de mi cama empecé a repasar una y otra vez lo sucedido. Siempre me esforzaba por encontrar una explicación. Me intrigaba no saber de quién sería esa casa y más aún no comprender por qué me ataco esa horrenda mujer. Para entonces, aún continuaba sin comprender nada de lo que me estaba pasando.

»Después de esta durísima vivencia, ya no sabía qué pensar. Fue entonces cuando decidí solo tratar de resistir. Comprendía que no tenía ni la menor idea de cómo poder evitar a esas entidades malignas, sin embargo lo que me daba la fortaleza era saber que mi protección venia de *la Fuente Suprema*. Entonces pensé que solo debía esperar y, con su ayuda, resistir, pero sin detenerme.

»Después de varios días, otra vez de madrugada no podía conciliar el sueño. De pronto me llegó un aroma horrendo. Esto sucedía siempre que recibía estos terribles ataques. De inmediato comprendí que venía uno más. Traté de no dormir pensando que tal vez podría evitarlo. Por supuesto, no lo logré, y después de un largo rato me venció el sueño. De pronto me encontré en un patio, supuestamente era mi casa. Con toda claridad recuerdo estar comiendo con mi familia, en la parte trasera. Ellos al terminar se fueron retirando de la mesa para entrar nuevamente. Yo aún me encontraba comiendo.

»Al terminar de comer, recuerdo que levanté la mirada más allá de la pequeña barda. Mi mirada se centró en unos árboles un poco retirados, cuando de pronto vi que de en medio de ellos salía volando y muy enfurecido conmigo un hombre con cabeza de bestia. Velozmente se dirigió hacia mí, al mismo tiempo que me gritaba grandes ofensas.

»Me levanté de la mesa. Quise correr hacia el interior de la casa, pero fue demasiado tarde. Alcancé a escuchar lo último que me gritó con gran rabia: «¡Te voy a matar!». Dio un gran salto y la bestia llegó frente a mí. Lo único que pensé fue que ya no tenía escapatoria. Solo me dio tiempo de cerrar mis ojos.

Mi sorpresa fue que, al abrirlos nuevamente, ya me encontraba a salvo en mi cama. De todas las horrendas vivencias, esta fue una de las que más me impresionó.

—En mi caso —dijo el amigo—, pienso que me hubiese aterrado con todas por igual. Raí, me imagino lo terrible que fue batallar con esas entidades tan espantosas. Me gustaría saber si, después de todo lo que viviste, has logrado comprender lo que estas significan.

—Amigo, es un hecho que cada una tiene su terrible función para dañarnos, solo trataré de hablar de lo más relevante que pude comprender. De hecho, estamos viviendo con gente que está poseída por estas entidades malignas, que sin duda son las líderes del mal, las cuales se disputan a la gente, ponen trampas y tentaciones para que la persona caiga con alguno de sus demonios. Por supuesto, al poseerles se adueñan de su voluntad. A nadie le será difícil reconocerlo cuando pueda mirar con los ojos del *alma*, porque ya podrá comprender la terrible maldad que cubre la tierra.

»Amigo, estas entidades malignas son las que envían a sus demonios para poseer a gente de todos los niveles sociales. Obviamente, esto es lo que ha logrado el daño en toda la tierra. Después pude comprender que la gente actúa según el demonio o la entidad maligna que acepta. Por ejemplo, la cucaracha obviamente es una usurpadora de puestos clave. Significa que la gente que se deja atrapar por ella es la que usurpa y roba de una manera sucia y vil el lugar de la gente que por habilidad, conocimiento, esfuerzo y honradez le corresponde. Por supuesto, tengo mis razones para creer que el monstruo serpiente es quien le otorga la corona, Amigo, lo sé por su reacción, se aterró mucho cuando se dio cuenta de que la descubrí. Es obvio que alguien con estas características sería imposible que sin apoyo tramposo pudiera lograr algo. Sin embargo, da por hecho que en el gran *día* de la limpieza global, el cual ya está programado directamente por *la Fuente Suprema*, será la primera en salir huyendo para buscar refugio. Sin embargo, ¡no lo hallará! Incluso la gente que aún le continúe dando refugio es un hecho que reaccionará de la misma manera.

»Los tres hombres con el gato son gente que por voluntad entregaron y vendieron su *alma* para conseguir y satisfacer sus más perversas y obscuras ambiciones y placeres. Les sirven a estas entidades malignas, realizando todo tipo de malignas ceremonias, hechicerías, rituales malignos, sacrificios de animales y hasta de humanos para doblegar y dañar *almas*. Con esto alimentan a sus demonios. Amigo, son un gran peligro para la humanidad, porque no se inmutan, aunque sus víctimas sean niños. Ya no razonan, su elección fue la perversidad.

»El monstro gigante en forma de serpiente, por lo que viví a raíz de su ataque, fue lo que me hizo comprender que esta maligna entidad por su tamaño es la más peligrosa. Su aferramiento es apoderarse del *alma* de toda la gente, quien cayó en engaño, pero no le quiere servir. Provoca su terrible enfado, porque bien sabe que no la puede poseer. Sin embargo, astutamente recurre a su fuerza, trampa, falsedad, agresión, etcétera para arrebatarle su *tesoro interno* y encerrarles en completa obscuridad. Amigo, su afán es el poder y el dinero. Es astuta para manipular, para robar la tranquilidad, la paz, el gozo, el tiempo, la salud, la economía. Por supuesto, para lograrlo utiliza a la gente perversa que por ambición la eligió, la cual hace lo mismo. Se roba y se adjudica el conocimiento de sus inocentes y dormidas víctimas, las cuales ni siquiera se dan cuenta de que son utilizadas para engrandecerles aún más, y sobre todo para ayudarles a cumplir sus más perversas y obscuras acciones. Sin embargo, cuando la gente reaccione y comience a quitarle la *esencia* de su poder da por hecho que su tamaño y fuerza drásticamente se reducirá. Amigo, la solución nos ha sido revelada.

»La horrenda mujer, sin duda, es la que atrae a sus víctimas a través de los más sucios placeres y de todo exceso de vicio sin control. A los que se dejan poseer por ella los embrutece para que saquen sus más bajos instintos, como la lujuria. Es promotora de la infidelidad. Su afán es destruir, acabar y aplastar a todas sus víctimas para que jamás se vuelvan a levantar. La gente que se deja atrapar por esta entidad es trasladada a una maligna y muy obscura realidad.

—No te miento: escuchar esto me aterra, pero a la vez me da gran indignación por el hecho de saber que existe gente que por voluntad les da guarida a estas horrendas entidades. Entiendo que son ellos los portadores del mal para el mundo. Lo más preocupante ahora es pensar que gente con dinero y poder terrenal fuera servidora de estas entidades malignas —sugirió el amigo—. Si supieras quienes son, podrías orientarnos, ¿no lo crees?

—Amigo, la gente que sirve a la maldad se encuentra en todos los niveles sociales. Es cierto, no se puede negar que los de mayor peligro son aquellos con mayor influencia y economía;

sin embargo, las personas al tomar su *elección* podrán reconocer a los que continúen dándole guarida. Incluso confía que de inmediato se apartarán para dejar de ser sus cómplices. Confían que su guía ya solo vendrá de su *tesoro interno*. Amigo, ten paciencia, en realidad la vivencia que tuve no es para señalar a las personas, por lo menos me queda claro que no por ahora. Comprende que el *Gran Aviso* es para todos por igual. Recuerda que por ahora toda la gente tiene la misma oportunidad de tomar su *elección,* incluso, puedes confiar que de mi parte no será necesario señalar a nadie, puesto que la gente ya los podrá mirar con los ojos del *alma*. Amigo, no tengo idea del tiempo que se nos dará para todo el que quiera salir de ahí, sin embargo me queda claro que nadie debería tardar para tomar acción, no es complicado reconocer que muchos ya se decidieron de antemano por la otra opción.

El amigo, con una ligera sonrisa, pregunta:

—Raí, ¿esta gran oportunidad también es para los políticos?

Raí, al escuchar la pregunta de su amigo, suelta una carcajada. Después de unos segundos responde:

—Amigo, me alegra tu buen humor, incluso entiendo tu enfado con algunos. Sin embargo, comprende que en todo círculo social, grupos, instituciones, etcétera hay gente buena y gente mala. Pero la oportunidad por ahora es para todos. Lo que en realidad no te puedo decir es cuánto tiempo nos darán.

»Amigo, se paciente y confía, que pronto aprenderás a controlar tus emociones. Y por favor, considéralo, todo lo que me fue mostrado y la indicación que me dieron por el momento solo es para alertarlos, incluso exhibir a estas entidades malignas para que sepan cómo protegerse de ellas, dejar al descubierto a la maldad para que puedan reconocer a la gente que le da refugio y, sobre todo, dar a conocer la gran importancia del maravilloso *Tesoro de los Grandes Valores*, para que la gente decida su acertada *elección*. Es urgente y muy importante que todos puedan rescatar su *alma*. Comprendo que todo es de gran importancia, sin embargo me queda claro que mi mayor responsabilidad, es comunicar el *Gran Aviso Definitivo* para que puedan reconocer el enorme riesgo en el cual ahora se encuentra la tierra con todo lo que en ella habita. Amigo, ¡es una realidad! Lo vi con mis propios ojos porque me lo mostraron: la Tierra cuenta con una *protección* para su estabilidad, incluso para retener los peligros del espacio exterior. Sin embargo, *la Mano de la Justicia* ya se encuentra en posición para removerla. Por supuesto, cada persona tiene absoluta libertad para decidir si aprovecha o no esta gran oportunidad de *vida*.

El amigo responde:

—Entiendo que aún vendrán días difíciles, sin embargo no puedo ocultar mi gran emoción porque sé que serán los últimos. De hecho, con gran alegría espero que muy pronto llegue la intervención de *la Fuente Suprema*, para dar exterminio a todo lo malo que se apoderó del *planeta* y de sus *habitantes*. Por favor, discúlpame, solo que de pronto me preocupo de más por la gente. Sé que debo confiar que, si yo lo estoy logrando, también ellos lo lograrán. Sin embargo, entiendo que este es el motivo por el cual te presiono. En realidad por la emoción trato de que nos compartas mayores detalles, pero comprendo que solo debes comunicar lo que te fue mostrado. Entiendo que debo tener paciencia y confiar en que todos lograremos mayor conocimiento a través de nuestro *tesoro interno*. Con sinceridad te agradezco mucho por tu enorme ayuda. En mi gran despertar te confieso que he avanzado de gran manera durante nuestra larga conversación.

—Amigo, gracias por entenderme. En realidad, también yo te entiendo. Incluso, durante nuestra conversación he tratado de realizar algunos comentarios y pequeños ejemplos. Tengo la certeza de que pudieran ser de utilidad para algunos, solo espero no estén de más. Amigo, es importante que estés consiente, por ahora solo debo compartir lo que me fue mostrado. Incluso en mi dura vivencia por salir de ese terrible lugar pude comprobar que venían otras *almas,* las cuales nos encontramos casi al final de la salida. Entiendo que su duro recorrido fue por diferentes caminos. Por supuesto, cada una, según su propia vivencia, incluso tengo la confianza de que ya están compartiendo con *amor y responsabilidad* lo que les fue mostrado. Y si otras como yo aún no lo están haciendo, sé que muy pronto lo harán. ¡Alégrate! Es tiempo de compartir *Esencia Suprema*. Amigo, de hecho siempre han existido personas incansables, buscadoras de la *verdad* y de la *justicia*. Incluso ahora mismo las hay. Siempre tratan de alertar sobre algún peligro contundente, sobre acciones y planes perversos de la gente que el mal utiliza, pero por la situación ni con pruebas contundentes muchos logran comprender. Sin embargo, muy pronto su gran esfuerzo por alertar les dará gran satisfacción. Da por hecho que pronto millones de personas, cuando salgan de la intensa obscuridad, les agradecerán muchísimo por su excelente información.

El amigo responde:

—Te pido me tengas paciencia. En realidad tú sabes que mi única intención al preguntar es para que nos compartas los mayores detalles. Todo lo que puedas compartirnos da por hecho que será de gran apoyo. —Amigo, por supuesto que lo entiendo. Por lo mismo, agradezco mucho tus preguntas, entiendo que son de muchísimo aporte. Solo quería que supieras que vienen más personas, seguramente con información y grandes respuestas para apoyar al despertar urgente de muchos más. Incluso tal vez para señalar algún peligro inminente de los que son utilizados por el mal. Sin embargo, yo no puedo crear polémica ni desviarme del *Gran Aviso Definitivo* tal como me fue mostrado. Solo trato de exhibir a la maldad en general. Alégrate y deja de preocuparte. Confía en que pronto podrás reconocer a los portadores de la maldad para que de inmediato te apartes. Te adelanto que no será complicado, porque muy pronto ya nadie lo podrá ocultar. Puedes confiar en que cada persona reaccionara según su *elección*, por lo que a sí misma se señalara. Amigo, ¡el tiempo ha llegado! Quien quiera dejar de ser cómplice de los servidores del mal y salir de ahí sin problema los podrá identificar. Incluso ya nadie se podrá negar a sí mismo que toda la sangre inocente derramada en todo el mundo ha sido exclusivamente al servicio del mal. Amigo, nadie tiene derecho a someter, dañar, controlar, matar, esclavizar, abusar, etcétera. Por supuesto, es cierto que muchos trataran de justificarse, sin embargo a *la Fuente Suprema*, en aquel *día, ni ahora, ni nunca, ¡nadie le podrá engañar!*

— Qué ceguera tan grande de todo el que piensa que está realizando justicia... No puedo aceptar que no sean capaces de identificar a quién le están sirviendo, sobre todo cuando dañan y engañan con tanta crueldad —reflexionó el amigo.

—Relájate —dijo Raí—. Amigo, la entidad maligna con cuerpo de hombre y cabeza de bestia por su reacción puedo creer que es la furia, el odio, la venganza. Es la razón por la cual la gente que es poseída por esta entidad actúa sin ningún escrúpulo. Siempre busca intimidar por medio de amenazas y violencia, para provocar miedo en sus inocentes víctimas. Actúa perversamente sin razonar y no se inmuta al matar. Su terrible aferramiento es someter a través de la fuerza y la tortura. Disfruta del gran sufrimiento y dolor que provoca en sus víctimas, esta entidad por su prepotencia. Erróneamente se engañó pensando que jamás sería derribada. Afortunadamente, ¡le llegó su hora! Amigo, todas estas entidades malignas están al acecho por todo ser vivo. Su crueldad simplemente no tiene límite; de hecho, están furiosas porque ya saben que tenemos la oportunidad de liberarnos. Incluso aunque no quieran, tendrán que aceptar que su tiempo ¡se les terminó! ¡Su caída ha comenzado!

»Amigo, todo el que se ha dejado poseer por alguna de estas entidades malignas pierde toda lucidez, actúa con demencia, ya no razona, porque se convierte en demonio. En realidad pude comprobar cómo se aferra una tras otra para lograr atrapar a su presa. Sin embargo, también pude comprobar que la decisión está en la persona. Amigo, mi vivencia fue dura, pero ahora entiendo que era la única manera para descubrirles, encontrar la salida y poder alertarlos. Amigo, nadie debería desaprovechar esta gran oportunidad que nos da *la Fuente de Luz*. ¿Te imaginas? Sería maravilloso si todos tomaran su elección; sin embargo, cada uno sabrá lo que prefiere para su vida, la decisión es personal.

»Amigo, estas entidades malignas ¡se disputan a la humanidad! No hay duda de que nos hizo muy vulnerables no saber reconocer nuestro *tesoro interno*. Es urgente el despertar de los que se decidan por el *Tesoro de los Grandes Valores* para que tomen acción y se protejan. Amigo, lo puedo afirmar: la gente que se ha dejado poseer por estas entidades malignas son las que daña y contamina la tierra y a todo ser vivo en *ella*. Amigo, el problema es que la gente que se encuentra en oscuridad no es capaz de reconocerles para quitarles la *esencia de su poder*. Sin embargo, tengo mis razones para confiar en que muchos de inmediato tomarán su *elección* y comenzarán a despojarse para salir de ahí.

—Lo comprendo —reflexionó el Amigo—. Me atrevo a pensar que una gran cantidad de personas sin saberlo los hemos fortalecido al entregarles la *esencia* de nuestro poder. Esto me permite comprender por qué millones de personas en el mundo están viviendo una terrible situación. ¡Está clarísimo! Cuando la gente cede su voluntad ya es incapaz de reconocer el *Tesoro de los Grandes Valores*, el cual ahora entiendo nos fue integrado por *la Fuente Suprema* para vivir con bienestar, en armonía, felices y en paz, Raí, es cierto que tu dura vivencia no solo fue para que nos dieras el *Gran Aviso Definitivo*, sino que era necesario que la compartieras para reconocer la urgencia de reencontrarnos con nuestro *tesoro interno*, y alertarnos para saber cómo protegernos de estas horrendas entidades. Ahora entiendo claramente por qué se ensañaron tanto contigo. Puedo entender que su último maligno recurso ¡era que pereciéramos todos! Me queda clarísimo: para poder liberarnos no habrá otra oportunidad, ¡el tiempo es ahora!

—Cierto, el tiempo es ahora —dijo Raí—. Es muy importante que la gente se sacuda y reaccione para que comience el rescate de su *alma*. Es la clave para que puedan valorar lo que están viviendo a nivel personal e identificar lo que se vive a nivel global. Solo entonces van a comprender por qué el gran *día* ¡ya está programado! Podrán confiar en su protección y alejar todo temor con el simple hecho de escuchar la voz de su *tesoro interno*. Amigo, ¡alégrate! ¡La caída del mal ha llegado!

—Por supuesto, me alegra mucho saberlo. Sin embargo, después de escucharte exponer a los transmisores del mal, no te niego que me impresione muchísimo. Incluso te confieso que más de una vez sentí escalofríos, discúlpame.

—Amigo, este *gran aviso de oportunidad y de vida* de ninguna manera es para causar temor. Es para transmitir alegría y gran fortaleza, la que no dudes que todos van a lograr con el simple hecho de reconocer que el *verdadero poder* solo viene *de la Fuente Suprema*. Es obvio que, si al mal lo rechazas, provocarás su furia; sin embargo, ahora estás consciente de que no podrá hacerte más daño, y menos retenerte si tu decisión es firme por el *Tesoro de los Grandes Valores de la Fuente de Luz*. Amigo, es un hecho, la *elección* es primordial.

—Tienes razón. Incluso no solo se trata de creer, sino de confiar plenamente que el *poder solo viene de la Fuente Suprema*. Raí, estoy consciente de que aún estoy en el inicio de mi proceso y entiendo que aún me falta experimentar tal vez lo más duro; sin embargo, no te niego que lo que me provoca un poco de nervios es saber identificar que cumplo con el *Tesoro de los Grandes Valores*. Incluso pienso que muchos se pueden encontrar en la misma situación —dijo el Amigo, aún dudando de su propia capacidad para poder reconocerlos.

—Amigo, ¿por qué los nervios? Recuerda que la solución está en tu *alma,* es quien identifica de inmediato lo *bueno* y desecha lo malo. Por eso es nuestro *tesoro interno*. Sin embargo, hay que estar conscientes de que al principio del proceso por obvias razones será más complicado para algunos que para otros, por el hecho de que el mal tratará de aferrarse, pero deben confiar que no le funcionará. Sin embargo, es obvio que cada uno lo debe aceptar como consecuencia de sus malas decisiones pasadas, incluso aceptarlo y tomarlo como su prueba de fuego. Lo que importa es no detenerse y continuar siempre hacia delante.

»Amigo, es una realidad: quien por convicción tome su *elección* debe tener toda la confianza y la gran *valentía* ¡que vencerá! Relájate, por favor —le tranquilizó Raí—. Es cierto que fuimos desviados de nuestro *tesoro interno* para perder conexión con *la Fuente Suprema*. Esto provocó que todos se enfocaran solo en el exterior de las personas. Ahora puedes mirar que el resultado fue desastroso, porque muchos se han tomado el derecho de criticar, juzgar y hasta justificarse por dañar y rechazar a las personas que no les agradan, y solo por tener una elección externa diferente. Es cierto, solo es algo más de todo lo que se encargaron en transmitir desde hace mucho tiempo los que se propusieron desviarnos de nuestro *tesoro interno*. Amigo, esta simple confusión provocó que nadie se enfocara ni buscara la solución en su propio *interior*.

»Por supuesto, pensar de esta manera nos hizo cometer muchos errores. Amigo, ahora que puedes comprender esto cuida tu *alma, protégela* para que jamás pierdas conexión con *la Fuente Suprema*. Por supuesto, tu elección externa también es personal, tú eliges lo que te agrada, ¡es tu decisión! Solo escucha tu *tesoro interno*, para que jamás dañes a nadie.

»Amigo, tu *tesoro interno* te ayudará para que ya jamás te confundas ni te dejes engañar por la apariencia, actitud y gustos de la gente. Por supuesto, hay personas que por ahora son excepción, que han logrado que su bella actitud se encuentre en armonía con sus buenas acciones. Pero en lo opuesto existen personas que fingen buena actitud, aunque resulta que lo que transmiten y provocan es aberrante. Amigo, esto ha causado en nosotros los humanos muchísima confusión y a la vez cometer muchos errores, incluso por confiar en quien no debíamos. En realidad, por ahora es muy difícil reconocer a la gente incluso por sus hechos, puesto que muchos también los fingen, los esconden y hasta los inventan. En fin, por ahora no es fácil encontrar gente con *valores* ni sincera, sin embargo, quien la encuentra. ¡La rechaza!, porque no le dice lo que quiere escuchar. Amigo, es triste, pero así están las cosas por ahora. »Amigo, la guía y la protección está en tu *alma*, pero hay que escucharla, es quien podrá identificar la *esencia* de las personas, la presencia del *Tesoro de los Grandes Valores* en los demás. Sin embargo, sería imposible lograr la misma elección externa, mismos gustos, profesión, preferencias y la misma actitud, ¡no somos robots! Amigo, quien no tome su *elección* continuará basándose solo en el exterior y en la apariencia externa de la gente.

»Amigo, es tiempo de seguir adelante y jamás detenerse. Recuerda que un pequeño desahogo provocado por dolor o enojo hay que dejarlo ir sin tardanza y buscar el control. No se debe olvidar que los demonios buscan pretextos para rápido acechar. En realidad es tiempo de comenzar a alimentar los pensamientos, solo con el maravilloso *Tesoro de los Grandes Valores*. Amigo, obviamente de ahí surgen las acciones, incluso será clave para jamás darle guarida a la maldad.»El amigo se tranquilizó y quedó satisfecho. Incluso con entusiasmo pensó que, de saberlo todos, sin demora tomarían su *elección*. Comprendía que, al ser guiados solo por el *Tesoro de los Grandes Valores*, el mundo comenzaría a cambiar. Era increíble para él imaginar lo que sucedería cuando todos escucharan solo su *tesoro interno*. Vislumbraba un mundo habitado solo por gente feliz.

Raí, al notar que su Amigo seguía muy pensativo, expresó:

—Es tiempo de oportunidad para *trascender*. Contamos con la protección de *la Fuente Suprema*. Amigo, tengo mis razones para confiar que llegó el momento indicado para trasmitir el *Gran Aviso*. Es urgente que la gente lo conozca. Debemos reaccionar antes de que le sea quitada la protección a nuestro maravilloso planeta y perezcamos todos.

»Amigo, *la Fuente Suprema* jamás nos ha abandonado; de hecho, aunque nuestra errónea elección haya sido inconsciente o manipulada, debemos aceptar que cometimos un grave error: fuimos nosotros quienes nos apartamos y rechazamos nuestro *tesoro interno*. Sin embargo, por su gran *bondad* nos envía su *Gran Aviso Definitivo*, aun antes del gran *día* de la limpieza global, con el gran propósito de tomar con tiempo nuestra correcta *elección*.

»Me alegro mucho por los que siempre confiaron que *el Poder Supremo* vendría a realizar *justicia* en la tierra. Cuando se enteren de que su *Mano* ya se encuentra sobre ella, muchos gritarán de alegría. Amigo, es una realidad: con el simple hecho de remover la protección que puso sobre la tierra, daría exterminio a la maldad, la crueldad, la lujuria, el engaño y a los que le dan guarida. En realidad, debemos estar muy conscientes y agradecidos: sin su maravilloso *aviso y gran oportunidad* ¡todos hubiéramos sido arrasados!

»Amigo, lo puedo afirmar porque me fue mostrado. Vi cómo se desmoronaba parte de la Tierra, con el solo hecho de ser removida una pequeña partecita de su protección. Incluso me fue dicho: «Ve y avisa». Amigo, es urgente cumplir este *Gran Aviso* lo antes posible. Mi recorrido me ha llevado varios años, por lo que puedo pensar que cada vez nos queda menos tiempo. Y aunque no puedo asegurar cuándo sucederá, es un hecho que el *gran día* ¡muy pronto llegará!

—Raí, durante nuestra larga conversación he podido comprender tu dura vivencia, pero ahora me dejas en *shock* al saber que por años has soportado los terribles ataques del mal para intentar detenerte. Por favor, sabes que cuentas conmigo. Incluso da por hecho que por lo menos a toda mi gente más cercana de inmediato se lo haré saber. Comprendo que es muy urgente que des a conocer el *Gran Aviso*, incluso sé que será un gran descanso para ti. Ahora puedo entender que ha sido una enorme carga la que has llevado por mucho tiempo.

Al mencionar esto, Raí interrumpe a su amigo:

—Es cierto que darlo a conocer me dará mucha alegría y descanso a la vez, sin embargo nunca lo he pensado ni sentido como una carga. En realidad, pude reconocer que mi dura vivencia ha sido por la furia de las entidades malignas por tratar de detenerme. Eso no evitó que yo pudiera aceptar que gran parte se debía a mis malas decisiones pasadas, incluso, como mencioné antes, lo tomé como mi prueba de fuego. Mi *alma* me dio la confianza y la *valentía* para saber que vencería, por el hecho de que mi *elección* por el maravilloso *Tesoro de los Grandes Valores* siempre fue sincera y muy firme mi decisión. Sin embargo, estoy muy consciente de que, si aún permanezco en pie, no ha sido con mi propia fuerza. *La Fuente Suprema* jamás me abandono. El amigo responde:

—Discúlpame, porque sé lo duro que fue para ti. Sin embargo, esto es muy alentador para darnos gran fortaleza. Tengo la confianza de que todos, al conocer la dura experiencia que viviste, puedan reconocer de inmediato la emergencia de tomar su *elección* por el *Tesoro de los Grandes Valores*. De hecho, considero que para nadie será difícil comprender la consecuencia que puede recibir. Me atrevo a pensar que los que se sienten muy seguros con sus riquezas no lo creerán, incluso tratarán de justificarse. Tengo mis razones para creerlo.Ante la afirmación de su amigo, Raí retomó la palabra:

—Amigo, no solo personas con dinero, será gente de todo círculo social. Sin embargo, debemos estar conscientes de que será su decisión; de hecho, aunque se engañen ellos mismos y se justifiquen ante la gente, jamás tendrán la oportunidad de justificarse ante *la Fuente Suprema*. Sin embargo, mientras el *Gran Aviso* esté vigente, todos tendrán la oportunidad de tomar su decisión definitiva. Obviamente, perderá su oportunidad quien trate de desviar a quien decida tomar su *elección* por el *Tesoro de los Grandes Valores.* Amigo, a cada persona le corresponde la oportunidad y la *responsabilidad* de lo que decida, por el hecho de que es personal.

»Amigo, por lo que me mostraron te puedo asegurar que la consecuencia para el planeta y para todos sus habitantes es definitiva. Es tiempo para que la gente tenga muy en claro que el *bien* viene de *la Fuente Suprema* y lo malo surge de la maldad... El *Poder Supremo* viene a dar exterminio a las entidades malignas y a todos sus demonios. El riesgo será para quien aún continúe dándoles guarida, ¿comprendes? Sin embargo, será su decisión.

—Comprendo —dijo el Amigo—, la *elección* es la base. Entiendo que es el inicio para nuestra propia protección. Me lamento por los que se aferren a no mirar la verdad de lo que ahora se está viviendo y, más aún, de los que no quieran creer en lo que se aproxima.

—Amigo, comprende, el engaño ha sido terrible. Entiendo que tú ya puedes reconocer la triste realidad que se vive en el mundo. Sin embargo, aún la mayoría no lo puede ver. En realidad, a quien no se decida en tomar su *elección* le será imposible el reencuentro con su *tesoro interno*, incluso aún más difícil que pueda creer en lo que se aproxima —insistió Raí—. Creo que por lo menos no deberían ignorar que, según su elección, podrían o no conservar su vida.

Por lo que a Raí le mostraron que muy pronto se aproxima, le dijo a su amigo: —Este es el punto: la humanidad consciente o inconsciente ha mostrado con sus acciones seguir al mal. ¿Por error o por ambición? Eso ya no importa, lo que ahora interesa es reconocerlo para comenzar a corregirlo por las grandes desgracias que esto nos ha traído, extremo dolor y mucho sufrimiento, a gran parte de los habitantes del planeta, a los animales y el gran deterioro de este. Amigo, esto es una gran *verdad*. La Fuente Suprema viene a realizar limpieza de toda la perversidad que hay en la tierra, sin embargo a nosotros nos corresponde corregir todos nuestros errores, es nuestra gran *responsabilidad*. ¡Es lo *justo*!

»Amigo, en ciertas ocasiones sentí que estaba fallando, que me estaba tardando mucho en transmitir el *Gran Aviso*, sin embargo *la Fuente Suprema* me alentó a tener paciencia, puesto que aún me faltaba revelación y duras vivencias. Incluso al ver mi preocupación me mostró que sería en su momento preciso. Solo te lo cuento porque algunas veces me quise precipitar en dar el *Gran Aviso*. Más adelante comprendí que de todo lo que pude ver en mi dura vivencia debía recibir la revelación; sin embargo, eso fue lo que se llevó tiempo, ya que me fue dado muy lentamente. Por supuesto, al comprenderlo sentí gran paz. Amigo, ahora yo te pido paciencia, porque me gustaría mencionar algunos detalles que tal vez pudieran ser de utilidad para el rencuentro de algunos con su *alma*, aunque de hecho yo quisiera que lo lograsen todos.

»Amigo, recuerdo muy bien el día que llegué hasta la guarida del mal, mucho tiempo después. Pude comprender que las entidades malignas nunca se imaginaron que yo pudiera salir de ahí. O tal vez sí, por eso me atacaron tanto. Sin embargo, ahora entiendo que fue necesario entrar ahí por varias razones y creo que la más importante ha sido para compartir que *la Fuente Suprema* no tiene límites. En todo lugar puede protegernos.

Esto es para que jamás nadie vuelva a sentir ningún temor y puedan adquirir gran fortaleza.

—En realidad, espero que nadie se confunda y piense que todo lo que has contado es con intención de espantar. Sería muy triste que no comprendieran la gran oportunidad de vida que nos está siendo otorgada por *la Fuente Suprema,* incluso a pesar de nuestros muchos errores —expreso el amigo con total confianza. —Amigo, es maravilloso escuchar que puedes mirar con los ojos del *alma*—dijo Raí—. El aferramiento del mal siempre ha sido usurpar el *alma* de la gente, para comenzar a manipular sus pensamientos a su conveniencia. Su terrible plan era lograr que todos realizaran atrocidades. Lo interesante aquí, y lo que puede comprender, que su gran indignación es porque el tiempo se les terminó y no lograron obligar ni poseer a gran parte de la población para que le sirviera. Incluso tengo la firme convicción de que hay más gente confundida y con su *alma* en obscuridad. En realidad, tengo mis razones para creer que la gente que cedió su *alma* para realizar perversidades son minoría. Por supuesto, ¡eso prefiero creer! Aunque estoy consciente de que solo *la Fuente Suprema* conoce el *tesoro interno* de todos y las buenas y malas decisiones de cada persona.

»Amigo, los que le sirven al mal son astutos para engañar, manipular, obligar y poner trampas, por supuesto dirigidos por las entidades malignas, las cuales siempre supieron que su tiempo tenía caducidad. De hecho, ahora saben ¡que ya llegó! Su perverso plan era que la gente nunca supiera de su existencia para que les continuara dando guarida. Tal vez pretendían utilizar a la población como escudos humanos, o en su loca alucinación llegaron a pensar que podrían evitar el *gran día* de la limpieza global. Por supuesto, al no lograrlo, su intención era que nos tomara por sorpresa para que pereciéramos la mayoría. Amigo, fue la razón por la cual con tanta furia trataron de detenerme. Obviamente no querían que los *alertara*, y mucho menos que diera el *Gran Aviso Definitivo*. Sin embargo, continuemos alertas, porque, aun sabiendo que su tiempo se les terminó, por su crueldad no se detendrán, continuarán aún sus malvados planes con las personas que los eligieron y con todos los dormidos que aún se dejen engañar. Aunque, de hecho, nada lograrán. Saben perfectamente que lo que *la Fuente Suprema* determina ¡absolutamente nadie lo puede evitar!

»Amigo, no puedo evitar mi alegría. Sé que cada ser humano con toda libertad tiene la oportunidad de tomar su *elección*. El tiempo de rescate ha llegado para salir de ahí, porque nuestra lucha ya no será sola, contamos con la guía del maravilloso *Tesoro de los Grandes Valores* y con la protección *suprema*. Sin embargo, se tiene que tomar en cuenta que cada persona por individual tendrá que realizar su proceso, recorrer su propio camino, incluso confiar plenamente que felizmente saldrá de ahí.

—Entiendo que el recorrido debe ser individual porque la decisión es personal, sin embargo, ¿esto significa que un esposo no puede ayudar a su esposa y a sus hijos? —preguntó el amigo.

Raí le explicó lo siguiente:—Amigo, por supuesto que sí. Externamente con *amor, bondad, respeto,* etcétera se les puede tratar de ayudar muchísimo. Internamente la ayuda solo viene de su *tesoro interno,* comprende que la responsabilidad es personal. Sin embargo, es muy importante *respetar* su decisión. Recuerda que no se puede acosar a las personas; de hecho, en algunos casos se vivirá gran tristeza, por la decisión opuesta de gente amada.

»Sin embargo, ¡alégrate! Una familia unida por la *Esencia Suprema* cubrirá y protegerá a sus hijos. Las parejas que logren esta belleza es porque ambos se decidieron en tomar su *elección* por el maravilloso *Tesoro de los Grandes Valores* para vivir cada uno su proceso. Cuando coinciden en *esencia* no hay límite de apoyo mutuo. Amigo, me alegro mucho por ti, sé que tú te encuentras en esta maravillosa vivencia.

—Enorme felicidad me da escucharte decir esto, sobre todo por mis hijitos, Raí. En realidad es una gran verdad, en unión mi esposa y yo nos estamos esforzando mucho para *trascender* juntos. Sin embargo, es cierto, reconocer las malas decisiones para corregirlas solo puede ser personal. Me alegra muchísimo saber que la clave para la felicidad pronto para nadie será un secreto. »Raí, se me hace tan difícil aceptar que no pudiéramos reconocer que la maldad seguía creciendo cada vez más en el mundo.

—Amigo, solo *la Fuente Suprema* sabe quién transmite su *esencia* porque siempre ha enviado bellas *almas* para compartirnos. Es maravilloso para los que escucharon y por medio de su *alma* lograron identificar su *Tesoro de los Grandes Valores*. Sin embargo, si yo no menciono a nadie es porque no me dieron nombres para mencionar. Me queda claro que es para que nadie se confunda, ya que esta oportunidad es para toda la gente en general. Incluso es importante que se comprenda, esto no tiene que ver con religión alguna. Amigo, he podido comprender que mi recorrido solo ha sido hacia delante, era necesario mostrarme lo que no conocíamos, la clave para salir de la obscuridad, la *oportunidad* para tomar cada uno su *elección* y vivir su proceso para *trascender*. Amigo, se debe reconocer que, por ahora, el *Gran Aviso Definitivo* es para todos sin excepción, sin embargo deben tomar en cuenta que la decisión solo puede ser personal. Incluso solo con su *tesoro interno,* podrán reconocer de dónde surge el engaño y la falsedad que originaron que la maldad y la perversidad ganarán mayor terreno en todo el mundo. Amigo, sin embargo, que esto ya no te preocupe, el *tiempo* de su caída ya comenzó.

Con tristeza, pero con una fuerte necesidad de expresar lo que pensaba, el Amigo cuestionó:

—¿Qué pasaría si la mayoría de la gente no quisiera tomar su *elección*?

—No te niego que pudiera presentarse esa situación, sin embargo, ¡no comprendo! Creo que no viene al caso que te martirices ahora. Relájate, amigo, yo solo daré el *Gran Aviso,* pero da por hecho que *la Fuente Suprema* de muchas formas enviará grandes señales inconfundibles que nadie podrá ignorar. Es el motivo por el cual yo presiento que millones de personas tomarán su *elección* y todos nos uniremos en su *esencia.* Tomaremos acción, estaremos alertas y preparados para el *gran día* que muy pronto se aproxima.

»Amigo, muchas veces me llegué a preguntar cuál sería la mejor manera de agradecer *a la Fuente Suprema.* Cuando lo comprendí me puse a llorar. Amigo, nada nos pide, todo es para nuestro propio beneficio. Solo debemos proteger y cuidar nuestra *alma,* es la única manera para conservar su *presencia* y su maravilloso *Tesoro de los Grandes Valores*. Es la clave para cumplir nuestros sueños y metas, incluso para vivir libres, felices, en armonía y con paz. Amigo, es tiempo de alejar todo temor. *La Mano del Poder Supremo,* ya se encuentra sobre la tierra para realizar *justicia.*

El amigo responde:

—Aunque la tormenta se avecine, es tiempo de gran alegría, Raí. Perdón por no preguntarlo antes: ¿cómo va todo con tu familia? Aunque me imagino que todo va bien, me gustaría saber si no fue muy complicado para ti. »Mi querido amigo, yo no tuve la misma oportunidad que tú, sin embargo no te preocupes, agradezco mucho tu pregunta. —Raí suspira y continúa—: Es muy importante que todos comprendan que *hay errores que se podrán corregir, pero habrá otros que solo no se deberán repetir*, y aunque duela, se debe aceptar la consecuencia de las malas decisiones pasadas. Sin embargo, cada uno con su *tesoro interno* podrá obtener gran fortaleza y confianza para seguir siempre hacia delante, por supuesto, para ser mejor cada día. Jamás olvidemos que fuimos creados para ser felices y, sobre todo, *para vivir hasta el final.*

Capítulo 3

Al reencontrarse el amigo con Raí, con gran emoción lo aborda de inmediato con una pregunta.

—Raí, me da mucho gusto retomar nuestra conversación —dice el Amigo—. Sin embargo, tu último comentario me dejo con inquietud por saber con claridad lo que significa «vivir hasta el final».

—Amigo, a mí también me da mucha alegría retomar nuestra conversación —le dice Raí con entusiasmo—. Respecto a tu pregunta, recuerda que mucha gente muere aun antes de que llegue el día de su muerte física. Esto sucede cuando el mal logra poseerle o apoderarse de su *alma* para encerrarla en obscuridad. Estar sin tu *alma* es como estar muerto en vida. La gente mira sin ver y escucha sin oír. Amigo, *vivir hasta el final* solo lo han logrado quienes jamás se han desprendido de su *tesoro interno*.

—Discúlpame, sé que hiciste mención sobre esto. En realidad, no lo relacioné, sin embargo ahora lo comprendo con toda claridad. Al ser trasladada el *alma* a esa intensa obscuridad, la persona también se encuentra en grave riesgo, totalmente perdida. ¡Esto es muy delicado! Ahora entiendo: es como estar partido en dos —expresa el amigo.

—Lo es —dice Raí—. Es muy grave, los que se encuentran en gran obscuridad, al estar divididos, ya no son capases de identificar el *bien* del mal, tampoco lo que pasa en su propia vida. Mucho menos podrían ver lo que acontece en el mundo, porque el mal los mantiene cegados. En realidad, los que cayeron en fuerte tentación solitos cedieron su *alma* y su voluntad, otros por engaño, y los que luchan por no ceder, son presionados, atacados externamente con terrible furia por entidades malignas, ya sea en su trabajo, economía, en lo familiar, en sus mayores necesidades. Lo que buscan es tratar de derribarlos para que caigan en alguna tentación o en una de sus trampas. Se aprovechan de todo, siempre están al acecho porque saben que, si alguien cae en extrema tristeza, impotencia, dolor, depresión, enojo, amigo, en ese estado, muchos se pueden convertir en presa fácil del mal.

»Sé que tal vez te preguntes de qué manera pueden atacar externamente si no tienen presencia física. Amigo, esto nadie lo sabe o tal vez solo algunos. Estos demonios utilizan a la gente que posee para dañar a otras. Podría ser algún compañero de trabajo, vecino, amigo, hasta familiares, obviamente por ahora, la mayoría ni siquiera sabe que les da refugio, mucho menos que están siendo utilizados. Sin embargo, no te preocupes, muy pronto lo sabrán. Amigo, si te rodeas de alguien que se dejó poseer por la envidia, falsedad, soberbia, infidelidad, lujuria, maldad, etcétera, sería mejor que te apartes con discreción, porque son los candidatos elegibles para afectar *almas* y vidas. Sin embargo, alégrate, los demonios no pueden tocar el *tesoro interno* de quien tome su *elección* y comience a quitarle cualquier derecho que se quieran adjudicar, incluso *la Fuente Suprema*, jamás ha permitido que toquen el *alma* de una persona que siempre les ha rechazado. Amigo, ten paciencia, más adelante te lo voy a explicar tal y como me lo mostraron. —Entiendo que es urgente rescatar nuestra *alma* para salir de ahí, solo entonces lograremos protegernos también externamente, Raí. Dijiste que cuando te sacaron de la intensa obscuridad lo primero que viste fue a un demonio fornicando con una mujer. Caray... Discúlpame, te confieso que saber esto me estremeció. Dime, por favor, ¿cómo es que sucede esto? Incluso quiero saber de qué manera poseen a las personas —preguntó el amigo.

Raí reflexiona y piensa que es el tiempo y la gran oportunidad para salir todos de ahí. Sin embargo, le preocupa no saber cuánto tiempo podrá otorgar *la Fuente Suprema* a la humanidad para tomar su *elección*. Escucha la pregunta de su Amigo, pero antes le parece importante expresarle lo siguiente: —Amigo, es tiempo de alegría —dice Raí—. Yo me sentí muy feliz cuando descubrí que *la Fuente Suprema* se encuentra en el *Tesoro de los Grandes Valores* que todos portamos en el *alma*, Amigo, es maravilloso. Sin embargo, por no saberlo las entidades malignas y sus servidores se aprovecharon para engañarnos y poder usurparlo.

»Amigo, vamos a tu pregunta. Voy a tratar de explicarte, tal como me fue mostrado, el método que utilizan los demonios para penetrar en la gente, para dañar y usurpar el lugar de las *almas*. Hace un tiempo tuve una visión en la que miré cómo el mal en forma de humo negro entró por una ventana para tratar de introducirse en una persona que yo conocía. Al principio no entendí qué sucedía ni de qué se trataba, sin embargo me fue permitido mirarlo con todo detalle de la siguiente manera.»Era de noche, me encontraba en mi recámara. Trataba de dormir cuando escuche que llegó una amiga. No sé por qué, pero resulta que su cuarto estaba al lado del mío. Después de un momento me levanté, entré a su recamara para preguntarle cómo se sentía. Sin embargo, me di cuenta de que ya estaba dormida. Di la vuelta para salir, pero me detuve porque de pronto escuché que se quejaba.

»Rápidamente mi mirada regreso a ella. Fue entonces cuando miré un humo negro y espeso que estaba entrando a su recámara por la ventana que se encontraba al fondo, exactamente frente a mí. Comprendí que ella pudo sentir la presencia del mal, porque se quejaba. Sin embargo, no se pudo despertar. Entonces caminé hacia ella. Recuerdo que dormía casi al ras del piso, por lo que me puse frente a su cama al final de sus pies y extendí mi mano para tomar la de ella.

»Esa cosa en forma de humo se puso justo detrás de mí. En ese momento me di cuenta de que la quería poseer, pero, al ver que no me quité, muy enfurecido intentó pasarme. Incluso sentí cómo se rebotaba en mis pantorrillas. Amigo, fue impresionante. Gracias al *Poder Supremo*, que me ha dado gran *valentía*, en ningún momento sentí temor, por lo que no logró moverme, así que no pudo pasar. Por supuesto, aunque aún no pude comprender la realidad de lo que estaba pasando, me alegré mucho por ella.

»Ya de madrugada recordé que ella estaba pasando por un momento muy difícil. Solo esperé a que amaneciera para comunicarme con ella. Le conté que me preocupé mucho por una visión que había tenido en la noche sobre ella. Le dije que por favor viniera a mi casa para platicar y ella de inmediato aceptó.

»Cuando llegó a mi casa, le pregunté cómo se sentía. Me contestó que bien, pero no se lo creí porque se notaba triste. De inmediato le conté mi preocupación por ella y sin más le narré la visión que había tenido por la noche. Al finalizar, ella me contó con lágrimas en los ojos que también había tenido una visión muy fuerte.

»Por supuesto fue una sorpresa para mí. De inmediato me comenzó a narrar su propia experiencia, que fue la siguiente:
—Me encontraba en casa de mi hermana. Recuerdo que me despedía de ella y de mi cuñado. Enseguida salí de su casa y empecé a caminar. Era de noche, pero noté que estaba demasiado obscuro y no se escuchaba ruido alguno. Sin embargo, continué caminando. Después de un momento escuché pasos detrás de mí. Lo primero que pensé fue que tal vez sería mi esposo que venía por mí.

»Grande fue mi sorpresa cuando vi que se trataba de un hombre con un aspecto espantoso, y con toda la intención de alcanzarme. De inmediato apresuré el paso. Al sentir que me iba alcanzar quise correr, pero de pronto por la ansiedad sentí que desfallecía, no me quedaban fuerzas. Solo recuerdo que imploré al Poder Divino: «¡No puedo más!». De pronto pude ver que el hombre llegó hasta mí. En el momento que me iba a jalar, se escuchó un gran estruendo. Pude ver cómo desde los cielos cayó un rayo en medio de ambos. La tierra se abrió y separó al hombre de mí. De pronto cayó otro rayo y otro más... No recuerdo cuántos fueron, pero cada vez lo separó más y más de mí. Al ver que ya no me podía alcanzar, miró hacia arriba y muy enfurecido empezó a gritar:

«¡Ella es mía, ella es mía!». No comprendí por qué gritaba eso, solo recuerdo que sentí un gran escalofrío y sobre todo una gran angustia. En ese momento desperté llorando.

»Por supuesto, yo sabía del gran sufrimiento de mi amiga, por lo que, después de narrarme su experiencia, le pregunté cómo estaba su situación. Por su respuesta pude comprender que, por su intenso dolor y a la vez enojo, sus pensamientos tal vez se profundizaron para imaginar cómo afectar a la persona que la dañó. Amigo con el simple hecho de pensar en venganza fue lo que llamó al demonio, los cuales no pierden oportunidad, siempre están al acecho.

»Amigo, sin embargo aquí tenemos el claro ejemplo de cómo fue protegida su alma. En realidad, esto es para gritar de alegría, es una prueba fundamental para corroborar cómo la protección la tenemos y siempre la hemos tenido es muy fácil de comprender que nadie podrá engañar a la *Fuente Suprema* en el *gran día* de la limpieza global. Amigo, conoce perfectamente el *tesoro interno* de cada ser humano. Tenemos que reconocer que su *gran amor por la humanidad es infinito*. Somos nosotros quienes, por nuestras malas decisiones, muchas veces nos apartamos de su *presencia*.

Amigo, era necesario narrarte esta experiencia para que comprendas que de muchas formas *la Fuente Suprema,* me ha mostrado como actúan y como son estos usurpadores demonios. Por supuesto, lo más importante ahora es reconocer el gran conocimiento que nos da para que todos logremos evitar el terrible daño de estas entidades malignas. Ahora sabemos lo simple que es. En el pasado el gran problema fue no saber de la guía y la protección que viene del *alma* para evitarlo. Por supuesto, así es como muchos hemos recibido directamente la protección de *la Fuente Suprema,* aun sin saberlo.

Una de las cosas que buscaba Raí con este claro mensaje era hacerle ver a su amigo que, con el simple hecho de pensar, desear o planear cómo afectar a alguien se puede poner en gran riesgo el *alma*, incluso aunque se esté convencido de que la persona se lo merece. En realidad, resulta ser un anzuelo de la maldad. Comprendía con gran tristeza y preocupación que las personas que dañan prácticamente cayeron en la trampa. Significaba que algunas han cedido parte y otras, su completa voluntad.

»Toda acción comienza por el pensamiento, amigo. No se debe jugar con fuego, la gente no sabe el gran riesgo al cual expone su *alma* y a su traje físico, por el hecho que el daño, aunque es diferente, lo reciben ambos. Sin embargo, este es un gran motivo para alegrarte, solo piensa que muy pronto todos van a saber ¡bloquear a los demonios!

—Raí, no te miento, me dio escalofrío con el solo hecho de pensar que por ahora la mayoría tal vez hemos caído en alguna de sus trampas. Aunque no haya sido con intención, todos hemos dañado de algún modo —dijo el amigo—. Ahora lo puedo ver claramente. Incluso esta vivencia me ha compartido enorme conocimiento, aunque a la vez me da indignación al descubrir que aprovecharon muy bien al demonio de la ignorancia para cubrir al mundo de todos sus demonios, engaño, envidia, falsedad, cinismo, etcétera, además de muchas distracciones, trampas y tentaciones. En realidad, fue un acto muy perverso dejarnos como carnada para los usurpadores.

—Amigo, es imposible no sentir enojo. Sin embargo, a la brevedad hay que dejarlo ir. Recuerda, es más importante darle prioridad al *control*, incluso sabes que la solución está en el *Tesoro de los Grandes Valores* que se encuentra en el *alma*. Mejor alégrate, porque la gente cuando tome su *elección* jamás volverá a errar su camino.

»En realidad, el terrible plan de la maldad fue cubrir a la tierra de todo lo que daña, confunde, distraiga y pierda a la humanidad. De hecho, no es un secreto que mucho se expande a través de programaciones, películas, música, revistas, incluso por redes sociales. Estos medios logran transmitir cada vez mayor perversidad, engaño, infidelidad, violencia, lujuria, etcétera. Por supuesto, esto ha provocado grandes tragedias y desgracias, sobre todo para niños y jóvenes.

»Amigo, hay música maravillosa, libros muy constructivos, en las redes encuentras excelente información. En realidad, todo es bueno, solo que el mal todo lo ensucia y lo corrompe. Es cierto que la situación actual para muchos es muy triste, pero con claridad comprendo que este *Gran Aviso Definitivo* dará *luz*. El *conocimiento* necesario para ya no caer en provocaciones, chantajes, tentaciones, locuras, ni más trampas del mal, amigo, es una gran *verdad*, el gran *día* para la limpieza global de todo lo que daña la tierra y a su bella *creación* ¡ya está programado! Ahora, solo dependerá de la reacción de cada persona. Es un hecho, cada uno es libre de su decisión, sin embargo sobre aviso no hay engaño.

—Entiendo que aún habrá días difíciles, porque se verá la furia de las entidades malignas reflejadas en los que le sirven. Es un hecho, debemos estar alertas y sobre todo confiar plenamente que contamos con la gran ayuda de *la Fuente Suprema*. Raí, si el mal y sus servidores se tratan de resistir, ¿podrían provocar aún mayor daño a la humanidad y al planeta? —¡Por supuesto que lo intentarán! Incluso, aún como su último recurso, podrían tratar de provocar un mayor daño a muchos. Sin embargo, en su momento todos sus planes serán derrumbados. Confía, no quedará rastro alguno de la maldad, ni de sus perversos planes —expresó Raí—. Es cierto que los que le dan refugio al mal están convencidos de que se dará una lucha y que las entidades malignas los pueden defender. Por supuesto que no será así, amigo, no existe quien pueda luchar contra el *Creador* de nuestro bello planeta, ¡*la Fuente Suprema*! Es un hecho, las entidades malignas engañaron a sus servidores, porque en realidad siempre supieron que su tiempo tenía caducidad; de hecho, ahora saben que ya se le terminó.

»Amigo, es obvio que las entidades malignas y sus fieles servidores, al saber que su tiempo se les terminó, reaccionen con gran furia. Incluso pudiera ser que traten de apresurar sus perversos planes para dañar aún más a la gente. Sin embargo, lo único que provocarán es la intervención *suprema,* con mayor dureza para ellos, Amigo, sin embargo, se les puede complicar la situación a los que no tomen con tiempo su *elección,* al no salir de ahí correrán el gran riesgo de perecer con ellos. Sin embargo, nada se puede hacer, ¡será su decisión!

»En realidad, el mal por medio del engaño ha logrado utilizar a mucha gente, usurpando su *tesoro interno* para no dejar fluir en ellos el *Tesoro de los Grandes Valores*. Su terrible plan fue que nadie pudiera reconocer el gran poder de su *alma,* fue lo que les permitió con facilidad dividir a los humanos para que se dañaran entre sí. De hecho, no hay duda de que lo logró. Amigo, uno de sus mayores daños ha sido provocar terribles guerras, pues no hay nada que el mal disfrute más que ver a los humanos matándose a gran escala. Sin embargo, hoy es tiempo de gran alegría por el solo hecho de saber que muy pronto *el Tesoro de los Grandes Valores cubrirá y Gobernará toda la tierra.*

— ¿Sabes cómo se mostrará la presencia de *la Fuente Suprema*? ¿Crees si todos le podremos ver? Dime por favor lo que te han mostrado respecto al gran *día* de la limpieza global —pedía el amigo con impaciencia.

—En realidad, a mí no me fue revelado si *la Fuente Suprema* se mostrará ante la humanidad—le explicó Raí—. Sin embargo, es un hecho que en aquel *día* todos miraremos como nunca su *Gran Poder*, amigo. Te lo digo por lo siguiente: me mostraron cómo desde los *Cielos* daban exterminio a todos los demonios que aún muy aferrados querían apoderarse de muchas *almas* o tal vez directamente de las personas, claro. Mejor te explico tal como me fue mostrado.

»Amigo, recuerdo encontrarme en un evento terrible, en las calles había muchísimas personas corriendo de un lado para otro sin saber a dónde ir. Pude mirar con toda claridad a los agresores, eran horrendos pero como humanos. Esto me hace creer que tal vez lo fueron alguna vez hasta que se convirtieron en demonios. En fin, pude ver cómo insistían con desesperación en atrapar a las personas, las cuales corrían aterradas de un lado para otro tratando de escapar. La visión fue tal como le sucedió a mi amiguita, ¿recuerdas? De igual manera empezaron a caer rayos del cielo, sin embargo esta vez no solo para alejarlos. Pude ver cómo les caía el rayo directamente en la cabeza y al instante se desintegraban. Por supuesto, después pude comprender que se pudiera tratar del gran *día* de la limpieza global, se veía el día nublado y muy desolador. »Amigo, no es difícil comprender que nadie sería capaz de enfrentar a *la Fuente Suprema*. Toda su *Creación*, la misma naturaleza *respeta* sus límites establecidos. Los humanos ya debiéramos aceptar que no somos capaces de protegernos a nosotros mismos, Amigo, cuando sentimos y miramos que la lluvia, los rayos, el viento, el mar rebasan un poquito sus límites, nos espantamos, incluso algunas veces nos obliga a buscar refugio, por supuesto, con justa razón.

—Raí, esto suena muy aterrador, sin embargo, lo que me da valor y gran fortaleza es saber que no estamos solos, que tenemos protección. Incluso me queda muy claro que las entidades malignas y las personas que utiliza no tienen ninguna oportunidad de enfrentar al *Poder Supremo*. Raí, por favor, ¿qué significa esta visión tan aterradora y cuándo llegará?—Significa el aferramiento de los demonios. Es obvio que no van a querer soltar tan fácil en el último momento a las personas o a las *almas* que piensan que ya les pertenecen. Sin embargo, la Fuente *Suprema* a todos nos está dando la clave y la gran oportunidad para salir cuanto antes de ahí. Los que con tiempo tomen su *elección* podrán evitar que su *alma* y su traje físico tengan que pasar por esta dura vivencia. Amigo, lo primero que pensé fue que tal vez se trataba de personas que por ignorar el *Aviso* aún continuaban en obscuridad, pues no tenían la menor idea de lo que estaba pasando, y menos a dónde ir. Sin embargo, si se tratara de *almas* que se desistieron a los demonios y sus trajes físicos no se preocuparon por rescatarlas, es claro que serán protegidas y *ascendidas* directamente por *la Fuente Suprema*. Amigo, tú sabes que se puede evitar esta dura experiencia, pero si alguien por su voluntad se quiere arriesgar hasta el *día* final, será su decisión.

—Raí, por la visión que te mostraron, ¿consideras entonces que se trata del gran *día* de la limpieza global? —Por supuesto, lo que me mostraron fue parte de la limpieza global. Claramente pude ver cómo los rayos caían solamente a los usurpadores. Eso me hace comprender que efectivamente me mostraron el gran *día* de su fin. Al mirar esta visión, me preocupé mucho por las *almas* que habían sido olvidadas, pero después, al recordar que los rayos solo caían a los demonios para que no las atraparan, fue que pude comprender que serán protegidas y rescatadas directamente por *la Fuente Suprema*. Amigo, me alegré mucho por ellas, sin embargo el destino final de las personas que las abandonaron, espero no tengamos que verlo, amigo, esto ya comenzó. No hay mucho tiempo, el reencuentro de cada uno con su *alma* ¡es ahora!

»Es tiempo de reconocer que todo lo *bueno* el mal se encarga de corromperlo; de hecho, esto ha sido parte fundamental para dañar y confundir terriblemente a la humanidad. Incluso han logrado que una gran mayoría se conforme y pacíficamente acepte con normalidad las guerras, la sangre inocente derramada, la lujuria, el engaño, la corrupción, la esclavitud, la miseria, la violencia, la injusticia, la desigualdad, la infidelidad, el abuso de niños, etcétera. Por supuesto, su perverso plan fue cuidar que la gente jamás reaccionara. Todos los métodos de estas entidades malignas han sido para poner el *alma* de la humanidad como carnada, unas para ser llevadas a obscuridad y otras para tratar de corromperlas y fornicar con ellas. De esa forma logran que mayor cantidad de gente actúe con terrible maldad. En realidad, esto les ha funcionado de gran manera a los que son utilizados por los demonios, Amigo, la gente cegada, fanatizada y confundida con facilidad abandona su *alma*. Obviamente esto los convierte en presas fáciles del mal. »Amigo, este *Gran*

Aviso por el momento es para todos. Lo difícil será que todos quieran creerlo, incluso algunos se atreverán a dudar del gran *día* que muy pronto se aproxima. Sin embargo, a mí me fue dicho claramente: «Ve y avisa». *Esto* significa que por ahora todos tienen la misma oportunidad de cambiar o confirmar su *elección*. Quien no aproveche esta oportunidad de ninguna manera se podrá justificar ante *el Poder Infinito del Universo*. Amigo, los servidores de la maldad que aún continúen con acciones malignas pronto estarán enterados de su consecuencia, sobre aviso, con tanta claridad no hay engaño. Solo ellos serán responsables de su decisión, yo solo cumplo y comparto lo que me fue revelado.

—¿Sabes si el hombre podría alterar o manipular el clima y la naturaleza? —pregunta el amigo.

»Amigo, es cierto que con mi vivencia he podido mirar y aprender grandes cosas, incluso me son confirmadas, respecto a este tema. Solo puedo decirte que podría ser peligroso, claro, todo depende de lo que se trate y esté permitido. De lo contrario se podría ocasionar algún desastre sin control, sin duda sería rebasar límites. Amigo, solo *la Fuente Suprema* tiene el control y no solo del clima y la naturaleza, lo tiene de toda su maravillosa *Creación*. Es cierto que siempre ha *respetado* nuestras buenas y hasta malas decisiones, sin embargo es obvio que hay líneas que no se deben cruzar. Incluso podemos ver que el mar, el viento, las lluvias, los rayos, hasta el sol las *respetan*. Sin no fuera así simplemente no habría vida en la tierra. Amigo, entiendo que los límites solo se aplican cuando existen peligros contundentes, lo que significa que son protección para uno mismo y para los demás. Incluso nosotros como padres siempre tratamos de alertar y prevenir a nuestros hijos, desde que son pequeñitos. Y aun siendo adultos continuamos, lo hacemos porque los amamos y no queremos que se dañen o salgan lastimados, jamás por hostigarlos y mucho menos para frustrarlos, solo es porque podemos distinguir los peligros con mayor facilidad por nuestro mayor recorrido de vida, Ahora imagina si *el Poder Supremo, Creador de la vida y de todo lo que hay*, si no va a saber a los grandes peligros que nos podemos enfrentar, al no *respetar* los límites establecidos para nuestra propia protección.

El Amigo pregunta:

—¿Te fue mostrado si existe vida en otros planetas?

—Amigo, sería muy entendible que los humanos, no fuéramos la única *Creación* de *la Fuente Suprema*. Es obvio que el *Universo es infinito* y que habitan muchos otros *seres*. Incluso no es difícil comprender que de allá vienen nuestras *almas*. Sin embargo, por lo que me fue mostrado, te puedo decir que no existe un planeta alcanzable por humanos, y mucho menos para ser habitado. Ninguno tiene las condiciones para la vida, porque no tienen la protección que tiene la tierra. En realidad, lo mejor sería cuidar este maravilloso planeta y evitar que sea duramente sacudido. La solución está en tomar cada uno su *elección* por el *Tesoro de los Grandes Valores*. Amigo, no existirá refugio alguno en el gran *día* de la limpieza global, quien tome su *elección* sabrá reconocer que su guía y protección viene directamente de su *tesoro interno* donde habita la *Esencia de la Fuente Suprema*. Quien ahora mismo tiene su *Mano* sobre la tierra, ¿cuánto tiempo nos dará? No lo sé. Sin embargo, cada persona es libre de tomar acción ahora o de arriesgarse hasta el día final. La decisión es personal.

»Amigo, *la Fuente Suprema creó* el planeta con toda perfección; puso sobre la tierra una gran protección para que no entren los peligros del espacio exterior; dio límite al mar, el viento, la lluvia, etcétera. Todo con el único propósito de que toda su bella creación incluida la humanidad pudiera disfrutarla, vivir libre, feliz, en armonía y con bienestar. Es tiempo de reconocer que todo en la tierra al igual que nosotros tiene vida.

»Amigo, el *Poder Infinito del Universo* viene a realizar *justicia*, pero no sin antes *por su gran bondad* nos envía por delante su *Gran Aviso* y sobre todo su *Luz,* el conocimiento necesario para que sin dificultad quien lo decida tenga la oportunidad de tomar su *elección para su propia protección.*

—Esto nos muestra que su gran *amor* por la humanidad no tiene límite. Sin embargo, para la humanidad es una vergüenza las condiciones en las cuales ahora se encuentra la tierra, inundada de sangre inocente, destruida gran parte de su naturaleza, extinción de animales, llena de aberraciones, ambición, lujuria, engaño, usurpación, negocios ilícitos. Raí, en realidad es vergonzoso, no tenemos argumentos para justificar esto —comprendió el amigo.

—Amigo, por supuesto, lo que mencionas es muy cierto, pero comprende que muchos sin saberlo fueron utilizados por el mal. Incluso no solo se han basado con sutil engaño, muchas veces se han valido de la agresión, la tortura, la violencia, para obligar y someter a las personas. Sin embargo, es una realidad que ante *la Fuente Suprema* no tenemos justificación por nuestros grandes y pequeños errores. Amigo, de hecho, las personas al caer con el demonio de la ignorancia que es oscuridad se convierten en presa muy fácil para caer en las trampas de las entidades malignas, pero eso no significa que todos conscientemente le hayan elegido.

»Amigo, con esta gran oportunidad de *elección* que por ahora todos tenemos da por hecho que las personas podrán descubrir si no fue por voluntad haber caído en una trampa del mal. Entonces, aunque la maldad y todas sus entidades malignas se aferren a no querer soltar a quienes conscientemente no los eligió, no tendrán ninguna alternativa cuando la persona le quite todo derecho, porque al tomar su *elección* por *la Fuente Suprema* cualquier entidad maligna que se les haya introducido saldrá expulsada de ellos. Ten confianza, ha llegado el tiempo de la separación absoluta del *bien* y del mal, muy pronto la tierra será *gobernada solo* por el maravilloso *Tesoro de los Grandes Valores*, ¡dalo por hecho! —Esto es impresionante. Lo maravilloso es saber que tenemos una gran oportunidad, y más aún, el excelente apoyo con el cual ahora sabemos que contamos. Creo que lo mejor sería para todos los que dañan decidirse en tomar su *elección* y vivir su proceso. En realidad no tienen otra alternativa, ¿no lo crees? —dijo el amigo.

—Será su decisión, incluso tal vez podría darse con algunos, pero en realidad es mejor no esperar tanto, será mejor regocijarnos cuando en realidad miremos una excelente decisión de su parte. Sin embargo, lo que mencionas es cierto, ¡no tienen otra opción! De hecho, este tiempo es para que cada ser humano se pueda reconocer a sí mismo, pueda descubrir lo que ahora es y lo que en realidad es, así que considera que no habrá error. Cada uno estará consiente de quién es, y si no es lo que ahora es, tiene la decisión de aprovechar esta gran oportunidad, tomar su *elección* y comenzar a corregir sus malas decisiones —dijo Raí.

—Amigo Raí, me gustaría tu opinión sobre cuál es el concepto clave que debemos identificar para fortalecer y atraer más rápido nuestro *tesoro interno*.

—Amigo, platica con tu *alma*, escúchala, consiéntela, sé feliz, realiza todo con *amor*, con alegría, sé *bondadoso* con quien lo necesite y sobre todo dale opciones, ¡aliméntala con excelente información! Amigo, incluso hay quienes nacen con esa gran virtud y saben compartir a gran escala. Te confieso que mi *tesoro interno* se alegra al escucharlos. En realidad solo quien cuente con su *tesoro interno* podrá identificar la palabra que viene del *alma*. En realidad, es quien identifica un verdadero mensaje que viene con *Esencia Suprema*. Amigo, sin embargo, lo primero es descubrir quién eres, a quién en realidad le sirves y le das guarida. Ya no importa si caíste en trampa, en engaño o por la simple ignorancia, confía en que al tomar tu *elección* podrás de inmediato comenzar tu lucha para expulsar al mal y alejarlo para siempre de tu vida. Recuerda, es tiempo de *oportunidad* para realizar el cambio. No hay nada que temer, confía que tus pensamientos se transformarán al escuchar la guía de tu *tesoro interno*, el cual solo te transmitirá *esencia de la Fuente Suprema*. Amigo, mirarás con los ojos del *alma*. Ahora imagina lo que pasará cuando la mayoría tome su *elección* y comience a destellar el *Tesoro de los Grandes Valores*. Da por hecho que se lograría de inmediato hacer huir a toda entidad maligna. Ahora es el tiempo para evitar que continúen su casería de *almas*, sobre todo la de los jóvenes. Amigo, sin embargo lo más probable será que los que eligieron por decisión al mal no se detengan de seguir contaminando el mundo con su maldad, solo que ahora ya se encontrarán con la excelente respuesta *inteligente y sabia* de todos los que tomen su *elección*. Amigo, confío en que seremos mayoría, pero, aunque no lo fuera, recuerda: no estamos solos.

»Amigo, será un gravísimo error de quien no reconozca la maravillosa oportunidad que *la Fuente de Luz* nos está otorgando, sobre todo para no remover duramente la protección que puso sobre la tierra. Si en realidad ignoramos el *Gran Aviso,* da por hecho que podríamos tener la misma consecuencia que otras civilizaciones pasadas. Tal vez no escucharon, no creyeron y simplemente fueron extinguidas. Amigo, sobre aviso no hay engaño.

—Me queda muy en claro lo que significa el *Gran Aviso*, sin embargo me aterra pensar que la mayoría no lo quiera creer, sobre todo la gente más confundida y aferrada por tanta errónea creencia, distracción, incluso fanatismo —confesó el Amigo.

—Amigo, no te martirices, debes confiar que lo que ha de ser así será. Solo *el Poder Supremo* conoce el *tesoro interno* de todos, sin embargo es un hecho: solo la gente que tome su *elección* podrá identificar el verdadero significado del *Tesoro de los Grandes Valores, la justicia, el respeto, el amor, la bondad*, porque surgirá de su *tesoro interno*, incluso les permitirá comprender fácilmente que nada de fuera que puedan obtener o más bien les puedan ofrecer de gran valor. Jamás podría compensar lo que su *alma* vale y sobre todo lo que significa en ellos. Amigo, un ser humano sin *alma* prácticamente estaría muerto, es un hecho que jamás lograría *trascender* —le dijo Raí:

—Raí, ¿cómo podemos identificar que comenzamos a escuchar solo a nuestro *tesoro interno?*

—Amigo, tu sentir se amplificará, tus pensamientos se transformarán. Será el inicio. Confía, lo verás reflejado en lo que realizas. Descubrirás que todo se te facilitará, incluso cuando tu *alma fluya* en ti. Vas a ser capaz de reconocer lo que no ves. Es tiempo para dejarla actuar, ella no se enfoca en el exterior, solo en el *alma* de las personas. Amigo, por supuesto ella nunca rechaza a la gente solo por su actitud *externa,* su forma de ser, por ser diferente, por tener otras preferencias, por su color de piel, etcétera. Amigo, entonces podrás confiar que jamás dañarás externamente y menos el *alma* de ninguna persona. Quien continúe haciendo esto significa que estará muy lejos de contar con su *tesoro interno.* Apartarse del mal es la máxima prueba de que tu *tesoro interno* está de vuelta. Incluso da por hecho que por instinto te apartarás de quien no se quiera desprender de sus demonios. Sin embargo, tú ya no tienes de qué preocuparte. Recuerda, cuando iniciaste tu proceso la gran indignación que sentiste cuando empezaste a reconocer la terrible injusticia que vive mucha gente. Incluso te uniste a su dolor. Amigo, fue lo que mostró el inicio de tu gran despertar y el surgimiento de tu *alma.* Es cuando ya no te parece normal la maldad que existe en el mundo. De hecho, es cuando con gran *valentía* comienzas a rechazar a toda entidad maligna y a sus demonios, la crueldad, la soberbia, el cinismo, la falsedad, la venganza, la envidia, el abuso, la ignorancia, la lujuria, etcétera. Amigo, esto significa que vas hacia delante, por excelente camino, alistándote para *trascender.*

»Amigo, descubrirás que estas malignas entidades ya jamás te podrán engañar, porque al reencontrarte con tu *tesoro interno,* es un hecho que vas a identificar al mal y a las personas que le dan guarida. Incluso, aunque traten de esconder como siempre sus terribles hechos y sus malas intenciones, podrás reconocer al usurpador que cargan. Cuando eso suceda no tendrás la menor duda de que puedes mirar con los *ojos del alma.* Dalo por hecho, ya no te confundirás con las personas. Por el solo hecho de ser diferentes en su elección externa, vas a reconocer que lo único que diferencia a las personas es la presencia de su *alma en ellos* o ser refugio de usurpadores.

»Amigo, este despertar es lo que las entidades malignas y todos los que le dan refugio no querían que sucediera. Su función siempre fue tratar de mantener a la mayoría de las personas en ignorancia, confundidas, entretenidas, fanatizadas, engañadas y temerosas, para ser presa fácil del mal. Su maligna acción fue planeada para que todo el que perdiera su *tesoro interno* jamás lo pudiera traer de vuelta, solo que se les olvidó que mayor es quien creó la tierra y todo lo bello que hay en ella. De hecho ¡el tiempo se les terminó! ¡*La Fuente Suprema* está aquí para reclamarla! Te lo puedo afirmar, porque me lo mostraron con toda claridad.

»Amigo, una de las tácticas que más le ha funcionado a la maldad para que la humanidad se dañe entre sí ha sido la carencia, la sofocación, la depresión, el sufrimiento, la impotencia, el miedo, la confusión, etcétera. Por supuesto, provocada por quienes de alguna manera se han dejado utilizar por ella. Este es el resultado que han logrado por sus terribles acciones. Amigo, ahora te das cuenta del gran error que muchos hemos cometido al rechazar a las personas. Solo por su color de piel, la apariencia, la creencia, los gustos, la raza o simplemente por su forma de ser. Este ha sido un gravísimo error. Sin duda, la mayoría dejamos ir la oportunidad de apoyar a quien tal vez en ese momento hubiese tenido alguna necesidad. Es cierto que por ahora solo escasas personas le dan la importancia a lo que en realidad tiene valor, amigo: evitar que las personas se unieran. Le funcionó muy bien a las entidades malignas. Considero que comprender esto no es nada complicado —expresó Raí con seguridad.

—Raí, te lo agradezco mucho. Ahora me queda claro lo peligroso que es señalar o rechazar a la gente, y más aún sin darnos la oportunidad de conocerla, solo por el simple hecho de ser externamente diferente, nada más lejos de la realidad. Incluso ahora entiendo que la mejor manera de realizar cambios en mi vida es comenzar ¡por no dañar a nadie! Por supuesto, sé que debo iniciar con la gente que está cerca de mí —agradeció el amigo.

»Amigo, no solo cometerías injusticia al hostigar y dañar el *alma* de la persona, sino que cometerías un error aún más grave, por el hecho de que ahí es donde radica *la esencia de la Fuente Suprema*. Por supuesto, mora en toda su creación, en los animales, las flores, los arboles, en el viento, el mar, etcétera. Lo irónico fue que los humanos, que presumimos de ser los más *inteligentes,* fuimos los únicos que nos alejamos de su *esencia*. Este fue el motivo por el cual perdimos toda conexión. Para mí fue muy triste descubrir nuestras pésimas decisiones. Amigo, a pesar de que nosotros nos alejamos de su camino, el *Poder Supremo* jamás se apartó de nosotros. Esto me hizo llorar mucho. Sin embargo, no tiene caso recordar cosas tristes, lo que ahora debemos valorar es la gran oportunidad que aún nos está dando para salir de ahí. Rescatemos nuestro *tesoro interno* y quitemos todo derecho que de algún modo la maldad se haya adjudicado por nuestros pequeños y grandes errores. Es tiempo de cambio, de construir, de *trascender.* Amigo, ¿comprendes la gran importancia que tiene el *Gran Aviso Definitivo?* Sin embargo, la decisión solo puede ser personal, quien decida aprovechar esta gran oportunidad que tome su *elección*. Es cierto que *la Fuente Suprema* conoce completamente el *tesoro interno* de todos. Incluso puedo creer que de antemano sabe quién tomara esta gran oportunidad. Sin embargo, por su *gran bondad* la envía para todos.

—Ahora comprendo —siguió el amigo—. Los pensamientos, lo que trasmitimos, nuestras acciones, solo deben venir desde nuestra *alma*, ¿cierto?, y de no contar con ella o de no escucharle, se le da la oportunidad al mal para que se pueda introducir para malformar nuestros pensamientos y nuestra voluntad. ¡Ahora entiendo! No tengo duda, esto es lo que nos ha provocado la terrible desubicación y desgracia.

—Amigo, me da mucha alegría escuchar que te expresas con el *alma*. Exactamente esto es lo que va a suceder cuando la gente despierte su *tesoro interno*: pensará, mirará, sentirá y hablará con el *alma,* por lo que sus acciones serán transformadas. Es un hecho que la gente fue terriblemente engañada. Incluso las entidades malignas por ahora se adjudican todas las *almas* de la humanidad. Sin embargo, cuando las personas comprendan esta gran *verdad*, confío que una gran multitud no dudará en tomar con premura su *elección*.

»De hecho, la maldad se enfurecerá, porque es cierto que mucha gente la eligió por voluntad, solo que muy pronto descubrirá que son una minoría. Sin embargo, ya daba por hecho que toda la gente le pertenecía. Amigo, no hay mucho tiempo. Es importante que pronto se decidan en tomar su *elección. La Mano del Poder Supremo* está sobre la tierra, es urgente nuestra pronta reacción. Amigo, lo que no puedo decir porque no lo sé es cuánto tiempo nos dará —dijo Raí convencido.

El amigo lo escuchaba y sabía que Raí tenía razón. No debían perder tiempo porque las señales de lo que está pasando en todo el mundo son contundentes. Incluso es urgente prepararse por el terrible daño que aún continuarán tratando de provocar las entidades malignas con el apoyo de las personas que utilizan.

Raí continuó: —Amigo, al irse removiendo la protección que esta sobre la tierra la naturaleza iría perdiendo el control, incluso quedaríamos a la deriva de los peligros del exterior, los que vienen del espacio, como lo meteoritos, incluso algunos inimaginables. Amigo, por lo que ya está sucediendo, creo que no debemos arriesgarnos. Es un hecho, depende de todos los habitantes de todo el mundo la dureza con que se lleve a cabo esta gran limpieza global sobre la tierra. En nosotros esta la decisión de tomar acción para comenzar a cubrirla, solo de la *esencia de la Fuente Suprema*. Por favor, no te preocupes si al inicio fuéramos minoría, puedes confiar que la *esencia de luz, conocimiento* que despida una sola persona, puede alumbrar a muchas *almas* para salir de la intensa obscuridad. Amigo ¡sigamos hacia delante!»Amigo, lo que se viene es inminente, el gran *día* de la limpieza global ya está programado. Es un gran riesgo para los que continúen realizando engaño, injusticia, corrupción, provocando guerras y conflictos interminables. Por lo que me fue mostrado se puede comprender que pondrían en mayor riesgo su territorio. Sin embargo, estoy consciente de que cada uno será libre de su última decisión, yo solo cumplo en dar el *Gran Aviso*.

—Raí, ¿quieres decir que la limpieza podría ser territorial?
—Amigo, no te confundas, esta gran limpieza profunda que se aproxima es global, incluso cuando me llevaron al espacio, pude ver cómo la Tierra con gran fragilidad se desmoronaba cuando la protección que está sobre ella, *la Mano de la Justicia* la removía. Me asusté tanto que ni siquiera pensé en identificar

dónde se iniciaba. Sin embargo, después pude comprender que se dará con mayor dureza donde aún habite la maldad. Amigo, la limpieza es global. —Raí, pero ¿qué pasara con la gente que tomo su *elección* y habite en ese territorio?

—La gente al tomar su *elección* dejará de ser cómplice de los que les sirven a las entidades malignas que aún continúen en ese lugar. Incluso, de ser necesario, tendrán la oportunidad de salir de ahí. Amigo, no lo dudes, todos serán guiados por su *tesoro interno* a un lugar seguro, incluso podría ser en su misma casa. Confía en que cada persona se encontrará en el lugar indicado. Sin embargo, antes de que se pueda presentar esta situación debemos esforzarnos y entrar en acción para evitar que la tierra, la naturaleza y toda su *creación* paguen por nuestros errores. ¡Está en nosotros evitarlo! Mientras tanto, debemos permanecer alertas. Escuchemos nuestro *tesoro interno* para alejarnos con tiempo de cualquier peligro originado por la maldad. Amigo, sin embargo, hay que estar conscientes de que la vida está en el *alma*. Si alguien que tomo su *elección*, por alguna situación inesperada, perdiera su traje físico, deberá confiar plenamente que *la Fuente Suprema*, protegerá y ascenderá su *alma*. Amigo, es nuestro mayor propósito.

—Raí, ¿esto qué significa? No me gustaría que alguien que tomó su *elección* se pueda encontrar en esa situación —reflexionó el amigo—. Discúlpame, pero aún me encuentro en una etapa muy sensible. Estoy muy consciente de que estoy iniciando mi lucha para aprender a escuchar completamente a mi *tesoro interno*.

—Amigo, no te preocupes, solo *la Fuente Suprema* sabe el momento indicado para que alguien deje su traje físico.

Continúa hacia adelante y confía en que por ti mismo mayores cosas lograrás descubrir y comprender. En realidad, quien tome su *elección* y viva su proceso para emprender su camino en unidad con su *tesoro interno* dejará de sentir algún temor, porque sabrá que la vida está en el *alma*. Recuerda que nuestro traje físico pertenece a la Tierra y solo es para cierto tiempo. Por favor, ten paciencia y no te preocupes, si lo perdemos y fuera necesario regresar a la tierra, se nos puede dar uno nuevo, pero si perdemos el *alma* se termina nuestra *existencia*, ¡es *irreemplazable*! Muy pronto por ti mismo lo vas a confirmar. Amigo, es una realidad, jamás dudes del *Gran Poder Supremo*, confía en que todos los que rescaten su *tesoro interno* ¡ya ganaron!

—Amigo, lo sabes, *tu tesoro interno* te guiará para estar siempre alerta porque, obviamente, las entidades malignas saben que su tiempo se les terminó, por lo que es muy probable que inciten a todos sus servidores que se encuentran en todo nivel social, incluso a los de la más alta esfera que han abusado de su poder terrenal. Es un hecho, los que no se arrepientan pueden tratar de provocar aún mayor daño a muchas personas, sin embargo, solo ellos serán responsables de su consecuencia, sobre aviso, no existe engaño, ¡ya nadie tendrá justificación! »Amigo, ¿comprendes por qué es urgente que todos conozcan el *Gran Aviso*? Es importante que sepan que *la Fuente Suprema* nunca nos abandonó, a pesar de nuestras malas decisiones. En realidad con la fuerte experiencia que viví lo pude comprobar, amigo, cuando sentía que no podía más, me permitía sentir su *presencia*, sabía que me sostenía, incluso me motivaba y alegraba mi *alma*. Nunca me dejó caer, créeme, y aunque no ha terminado por completo el acecho hacia mí, me siento increíblemente, con mucha fortaleza y gran *seguridad*.

»Amigo, no debes preocuparte. Por favor, confía que pronto tu *tesoro interno* te ayudará para que aprendas a controlar tus emociones. Incluso recuerda que los rayos solo caerán sobre los malignos, ¡ten confianza! Donde les guíe su *tesoro interno* a todas las personas ahí estarán seguras. Amigo, ahora se nos está dando una gran oportunidad para vencer y expulsar de nuestras vidas a toda entidad maligna. Por supuesto, si queremos subsistir a nosotros nos corresponde tomar acción, es lo justo. Amigo, *la Fuente Suprema* dará la gran limpieza global para dar exterminio a toda entidad maligna que radica en la tierra y a todos los que aún le den refugio. ¡El tiempo es *ahora!* Todo el que piense que no le pertenece al mal, *que se dé prisa y que salga de ahí.*

—Raí, me queda claro cómo podemos expulsar a toda entidad maligna, incluso entiendo que para vencer a los que les sirven solo nos debemos apartar para quitarles la *fuerza de nuestro poder,* por supuesto, quienes los estemos fortaleciendo de alguna manera. Sin embargo, tengo una duda: si alguien nos ataca externamente, ¿acaso no nos podemos defender?

—Amigo, por supuesto. El abuso pertenece a la maldad y a gran escala, solo que nos debemos esforzar para tratar de evitar que sea con violencia. Recuerda las trampas que puede poner el mal, pero esto no significa que alguien que tomó su *elección,* al no tener opción no se pueda defender, sobre todo si su vida o la de sus hijos corren peligro. Sin embargo, lo más *inteligente* para cada uno será escuchar su *tesoro interno,* para apartarse aún antes de cualquier peligro. Será mejor prevenir para resguardarse con tiempo.»Ten confianza, lo más *inteligente* será empezar a realizar *justicia,* cada uno en su casa, en su hogar, con sus hijos, en todo su entorno, para ir ganando cada vez mayor territorio para cubrirlo solo de la *esencia de la Fuente Suprema*. Amigo, nos debemos de esforzar, es un hecho. Si es posible vencer sin violencia, a quienes son utilizados por la maldad, en realidad solo bastará con apartarnos para quitarles la fuerza de nuestro poder. Alegrémonos, ¡no estamos solos! Amigo, sin embargo es muy probable que los que ya no razonan por la necedad no dejen de luchar con trampa, falsedad, violencia, abuso, chantaje, engaño, etcétera. Pero aun así no podrán evitar su primera caída, simplemente porque las personas con *alma* ya no les creerán. Pero si aún se aferran y no se arrepienten de seguir luchando contra la *justicia* que vive en cada persona que tomo su *elección*, es un hecho que se expondrán ellos mismos a apresurar su caída definitiva, ¡Será su decisión! Sobre aviso no hay engaño, amigo, es un hecho. *El Tesoro de los Grandes Valores de la Fuente Suprema muy pronto gobernará* en nuestra hermosa tierra.

—Me entusiasma mucho escuchar esto; es más, ¡ahora comprendo! Estas entidades malignas siempre buscaron torturar nuestra *alma* y sobre todo separarnos de ella por ambición y más aún por miedo, simplemente porque sabían que cuando les descubriéramos llegaría su fin, ¿cierto? Ahora entiendo todo lo que obtenemos con nuestro *tesoro interno*. Es verdad, tal vez se vienen días difíciles, pero sé que todo ser humano donde se encuentre lo logrará. ¿Hay algo en especial que te preocupe? —le preguntó el amigo a Raí.

—Por supuesto, los niños, porque ellos dependen mucho de la *elección* de sus padres. Amigo, me sorprendí mucho, me fue muy difícil aceptar que también hay niños que se encuentran en obscuridad. Lo sé porque me lo mostraron de la siguiente manera. De pronto me encontré en un lugar obscuro. Primero pude ver a gente mayor y después en un lugar diferente los miré a ellos. Quise animarlos, por lo que al momento exclamé: «¡Ah, veo niños hermosos!». Su respuesta inmediata fue: «¡No!».

»Como no esperaba esa respuesta, por unos segundos no supe qué decir y de pronto desperté. Después pude comprender que se trata de niños maltratados, que sienten gran soledad, dolor, sufrimiento, miedo, tal vez por ser rechazados, lastimados, ignorados, hostigados y víctimas de todo tipo de abusos. Comprendo que se debe al descuido, la ignorancia, incluso en algunos casos a la maldad de sus mismos padres, razón por la cual ellos mismos se refugian en obscuridad. Al igual sucede con gente de mayor edad, que por ser ignorada y olvidada por sus hijos prefieren la obscuridad como su refugio. Aunque la visión fue corta, pude mirar que la gente mayor, a pesar de su situación, se encontraban serenos. Comprendí que solo esperaban el gran día de su rescate. Esta visión fue muy impresionante y triste. Amigo, sin embargo, los padres y los hijos sería excelente que aprovecharan esta gran oportunidad para cambiar sus erróneas decisiones. Espero que pronto tomen su *elección*. Sin embargo, cada uno será libre de su decisión.

—Raí, es muy triste y lamentable la situación que viven las *almas* de estos niños y ancianos que has mencionado. Por favor, explícame con mayor claridad, no se me hace justo que los niños vayan a ese lugar. ¿O hay alguna diferencia con el lugar que mencionaste antes? Perdón, pero no lo puedo aceptar y no me quiero confundir.

—Amigo, recuerda que te mencioné que algunas personas solo están dormidas y cegadas. Las controlan muy fácil con todo tipo de distracciones, a muchos por falta de conocimiento los hacen caer en trampas para mantenerlos en obscuridad. Los niños y la gente mayor que hace un momento te mencioné, al no tener opción, prefieren ellos mismos refugiarse en la obscuridad, por abandono, agresión, sufrimiento, dolor y abuso cierran su mente. Sin embargo, las personas que, por voluntad, consientes o inconscientes, aceptaron a la maldad, sus *almas*, aparte de estar en obscuridad, viven en gran tortura. Incluso pude ver cómo los demonios fornican a placer con ellas. Por supuesto no creo que estas personas sepan la triste realidad de donde enviaron sus *almas*. Sin embargo, quien se decida con sinceridad en tomar su *elección*, por ahora tiene la gran oportunidad de rescatar su *tesoro interno* para terminar con su terrible tortura.

»Amigo, es muy importante que los padres de familia se apresuren a tomar su *elección*. Deben comprender que por ahora lo más conveniente es cuidar a sus hijos, como a la niña de sus ojos, les den atención, guía, cuidado y mucho *amor*, unos para sacarlos de la obscuridad y otros para que jamás dejen dormir su bello *tesoro interno*. Amigo, es cierto que me preocupa mucho la gente mayor indefensa que, a pesar de esforzarse por ser buenos padres, han sido olvidados por sus hijos. Por supuesto, y los niños por su inocencia, en un principio no podía controlar la indignación, incluso las lágrimas, cuando escuchaba que alguno era agredido, violado o dañado terriblemente. Sin embargo, todos los que conservan y recuperen su *tesoro interno* jamás aceptarán ni verán normal el abuso o la agresión para nadie, mucho menos para los niños. En unidad debemos contribuir cuanto antes con *esencia de la Fuente Suprema*, para comenzar a terminar con esto.

—Raí, te entiendo, porque también a mí me pasó lo mismo; de hecho, ahora puedo comprender que nosotros, como padres, somos los únicos responsables por el bienestar y la buena guía de nuestros hijos. Es un hecho contundente que en su momento tenemos que entregar cuentas; sin embargo, es tiempo de aplacar a los demonios, que por ahora andan muy sueltos. Pienso que cuando exista una tragedia o desaparición de un adolescente, un niño o de quien sea, toda la gente debería reaccionar como si fuera nuestro hijo o nuestro ser querido. Perdón, Raí, pero se me ocurre que puede ser la única manera de detener a estos demonios, ¿no crees? Sabemos que la unión hace la fuerza, incluso no sería necesaria la violencia.

—Amigo, esa es la clave, lo que siempre debió ser, apoyarnos y cuidarnos entre todos. Te felicito, muy acertada tu propuesta. Sin duda sería suficiente para lograrlo, solo que por el momento tenemos que esperar. Es muy lamentable mirar que la mayoría de las personas ni siquiera son capaces de identificar la realidad que por hoy vive el mundo. Confiemos que al conocer el *Gran Aviso Definitivo* pronto se decidan y tomen acción. Estamos en tiempo de oportunidad, ya nadie se podrá justificar, mucho menos ahora que *la Fuente Suprema* nos muestra su camino, incluso cómo llegar a *Él*. Será decisión de cada persona tomar o no su *elección*.

—Con todo lo que te mostraron y que ahora nos compartes, confío que la reacción de la mayoría pueda ser positiva. Sin embargo, quienes siempre de una o de otra manera han abusado y dañado a la gente, cuando vean su gran despertar, puedo creer que su reacción pueda ser de gran furia, pero no dudo que también de miedo.

—Amigo, confiemos plenamente que será un masivo reencuentro de la mayoría con su *tesoro interno*, puesto que este *aviso es definitivo*, es una gran oportunidad para todos. Sin embargo, permanezcamos alertas, recuerda que los inducidos por la maldad se encuentran en todo nivel social. En realidad, lo que dices es cierto, los que no se arrepientan es muy probable que reaccionen con furia, otros con gran temor y tal vez algunos se arrepientan y traten de aprovechar esta gran oportunidad. Saben que no tienen opción, sin embargo, será su decisión.

»Amigo, es la razón por la que se pueden venir días difíciles. Por supuesto, pueden ser provocados por los que no se arrepientan, y como su último recurso podría dañar aún a muchas personas, sin embargo ahora sabemos que podemos evitarlo. Tomemos acción, es tiempo para dejar de ser sus cómplices. Dejemos de apoyar a quienes traten de continuar dañando, solo entonces ya jamás lo lograrán. Recuerda, el mal solo busca destruir y el *bien siempre construye*. Es momento de unirnos y apoyar a quienes en *verdad* se esfuerzan por realizar *justicia suprema*. Amigo, llegó la hora de trasmitir el *Gran Aviso*. Es importante que todas las personas lo conozcan, para que todos unidos en *esencia suprema*, sin importar en qué lugar nos encontremos, comencemos a realizar *justicia*, compartir *amor, bondad,* etcétera, Amigo, urge tomar acción, porque el gran *día* de la limpieza global puede llegar en cualquier momento.

—¿Consideras que allá arriba también pudieran existir jerarquías?

—Amigo, es muy probable, pero es algo que no te puedo confirmar. Sin embargo, es una realidad, *la Fuente Suprema* tiene conexión con toda su *Creación* del *Universo Infinito*, incluso me atrevo a pensar que son *almas* sin traje físico las que son enviadas para apoyarnos. Pero en realidad no lo puedo confirmar, lo cierto es que son *seres buenos,* que siempre están para apoyar a nuestro *tesoro interno* como a nuestro traje físico en los momentos clave. Amigo, ya no nos confundamos, *la Fuente Suprema* no pone ataduras, no maldice, no obliga, no pide obediencia, no etiqueta, no amenaza. En realidad, siempre nos dio libre albedrío para elegir nuestras buenas o malas decisiones. Sin embargo, aceptemos que de ahí ha dependido la consecuencia buena o mala para nuestra vida. Amigo, esto fue lo que me permitió descubrir que la obediencia pertenece a la maldad. Es un demonio para someter, abusar, dominar y controlar a las personas, es el usurpador del valioso *respeto*. Es cierto que para nuestro bienestar debe haber organización para vivir en orden, y por supuesto se debe *respetar,* pero no obedecer. Este malvado demonio ha causado mucho daño y confusión, incluso en los padres para la guía de sus hijos, porque ellos sin darse cuenta son los primeros en comenzar a someter y hostigar el *tesoro interno* de sus hijos. Ahí surge el inicio de su confusión. Incluso en algunos casos les ha permitido a ciertas personas cómodo engaño y terrible abuso en muchos menores. Amigo, en realidad solo trato de compartir brevemente lo que me fue mostrado a través de mi dura vivencia. Sin embargo, confía plenamente que mayor revelación recibirán directamente de su *alma,* todos los que tomen su *elección por el maravilloso Tesoro de los Grandes Valores.*

—Fue terrible el camino libre que tuvieron estos demonios para confundirnos y engañarnos. En realidad, fuimos presa muy fácil para que pudieran usurpar y dañar nuestro *tesoro interno.* —Amigo, no te preocupes, ha llegado su fin. Da por hecho que su caída ya inicio. Sin embargo, debemos *agradecer* que, a pesar de nuestras malas decisiones, la *Fuente Suprema* aún nos envía una oportunidad a través de su *Gran Aviso definitivo,* con el gran propósito de alertarnos para que pronto tomemos nuestra *definitiva elección.* Es tiempo de separar y alejar al mal, Amigo, es obvio que nos está previniendo aún antes de que acontezca su gran *día* de la limpieza global en la tierra. Caray, sería imposible que con esto alguien pudiera dudar de su *amor y* gran *bondad que le tiene a la humanidad y a toda su Creación en general.* Amigo, no estamos solos, su *presencia* está en el *Gran Tesoro de los Grandes Valores* que se encuentra en el *alma.* Es nuestra guía para vivir con bienestar, en armonía, felices y con paz.

El amigo guardó silencio y pronto dijo:

—Raí, es maravilloso saber que no estamos solos. Ahora solo depende de nosotros tomar acción con urgencia.

—Amigo, al tomar tu *elección* y rescatar tu *tesoro interno, la Fuente Suprema* no solo está contigo, ¡está en ti! En realidad no es complicado comprender esto, creo que ya no existirá justificación para nadie, mucho menos en el gran *día límite* que muy pronto se aproxima. Amigo, sobre aviso no hay engaño. Sin embargo, la decisión solo puede ser personal.

—He podido constatar que en muchos lugares del mundo pareciera que la naturaleza está perdiendo el control, incluso se escuchan varias razones. Sin embargo, ahora puedo creer que son señales que tal vez vienen de *la Fuente Suprema.* Por favor, dime si estoy en lo cierto. —Amigo, me mostraron cómo *la Mano Suprema* está sobre la tierra. Es obvio que por el gran *amor* que nos tiene la protección será removida gradualmente. Claro, mientras aún tengamos tiempo nos seguirá dando la oportunidad para que reaccionemos. Amigo, no solo es ahora, de mil maneras nos ha dado señales y avisos desde siempre. Sin embargo, solo algunos lo han comprendido. Amigo, es una realidad, pude ver lo que está sucediendo a la protección que cubre la tierra. Esto confirma que lo que se viene no es por motivos publicitados o por otras razones. En realidad, es la consecuencia de la perversidad, la maldad, el engaño, la corrupción, la lujuria y aún más aberraciones que hay en todo el mundo. Este es el motivo por el cual urge tomar acción. Debemos cubrir la tierra *con el* maravilloso *Tesoro de los Grandes Valores del Poder Supremo* antes que la protección pueda ser fuertemente removida.

—Comprendo que, si lo queremos lograr, urge tomar acción. Sin embargo, me preocupa que salgan personas juzgando el *Gran Aviso*. Pienso que algunas intentaran distorsionarlo con la firme intención de confundir a muchos, incluso tal vez se enfurezcan contigo —cuestionó el amigo con preocupación.

Raí no pudo evitar sonreír al escuchar el comentario de su amigo. En seguida continuó:—Amigo, no te preocupes, el mal se enfureció conmigo desde que me fue dado el *Gran Aviso*. Además, recuerda que no estamos solos. Incluso decir una verdad de alguien no es ofensa, pues no estás dañando su reputación, solo la estás confirmando. Sin embargo, he tenido que abstenerme en mi escrito para evitar señalar directamente. Estoy muy consciente de que por el momento no debo hacerlo. *La Fuente Suprema* por su gran *bondad* por ahora nos envía la misma oportunidad para todos. Sin embargo, me atrevo a decirte que no tenemos mucho tiempo.

»Amigo, lo expuesto es una gran *verdad,* la cual me he esforzado por describir con la mejor claridad. La decisión será personal, quien quiera creer el *Gran Aviso Definitivo* que tome su *elección*; quien no quiera creer será su decisión, está muy claro. ¡Yo solo estoy cumpliendo! A mí no me dijeron que convenciera a las personas, solo me fue dicho: «Ve y avisa», y es lo único que haré. Por supuesto, cada uno será libre de opinar y de elegir lo que quiera.

El amigo responde:

—Tienes razón, cada uno será libre de creer o no.

—Amigo, por la enseñanza con la cual yo crecí siempre pensé que *la Fuente Suprema* solo podía dar algún mensaje a las personas que ante la sociedad son consideradas especiales, casi santas o perfectas. Incluso tengo mis razones para creer que la mayoría hasta el día de hoy tal vez piensa de esa manera. Sin embargo, te confieso que yo siempre dudé que las hubiera, pero, si por ahí existen algunas personas con esas cualidades, pues que se alegren, porque ya la llevan de gane. Sin embargo, yo no lo podría presumir por el hecho de que estoy muy lejos de serlo.

El amigo responde: —Raí, has expuesto con toda claridad tu vivencia. Es muy simple reconocer que eres una persona con aciertos y errores como todos. ¡Nunca has mencionado lo contrario! Respecto a lo que mencionaste, me inquieta no comprender por qué ahora se expande con mayor facilidad una falsedad ante una *verdad.*

»Amigo, para cambiar esto no será complicado, pero es muy importante que la gente tome su *elección*. Comprende que la mayor energía que por ahora cubre la tierra es de obscuridad. Los demonios andan sueltos y desatados por falta de *luz,* y esto provoca mucha dificultad para mantener y expandir una *verdad.* Es obvio que de inmediato la desplazan y la cubren con obscuridad. Sin embargo alégrate y confía, cuando las personas comiencen a tomar acción, su *alma* felizmente destellará gran conocimiento, *luz,* la cual se expandirá. Solo entonces lograremos cubrir el mundo de la *esencia del Poder Infinito del Universo,* Amigo, en realidad será muy simple cuando la gente reaccione.

El amigo, con gran sorpresa, pone sus manos sobre su cabeza. Después de un momento responde: —Ahora entiendo por qué es tan fácil caer en oscuridad. Es claro que el mundo está lleno de falsedad. Te confieso que estoy muy sorprendido. No es posible, no puedo creer que la solución fuera tan simple y no la pudiéramos ver.

Raí sonríe, a la vez que le responde a su amigo:
—Discúlpame, pero ahora esta respuesta también la sentirás y la mirarás muy simple. Amigo, por ahora existen muchos caminos, y algunos demasiado llamativos, pero transformados en obscuros laberintos. Es el motivo por el cual difícilmente se podía encontrar la salida. El grave problema fue que siempre tratamos de buscar las soluciones y respuestas externamente, cuando en realidad todas se encuentran *internamente,* ¡*en el alma!*

El amigo con gran emoción responde: —Esto es impresionante. Estoy muy sorprendido, no puedo negar la gran alegría que me provoca saber esto. Solo espero que la mayoría tome acción a la brevedad. Solo entonces podríamos avanzar más rápido a nivel general. Urge iniciar un *mundo* mejor para nuestros hijos, y aunque fuimos engañados, debemos aceptar que es nuestra *responsabilidad*.

»Amigo, debemos confiar plenamente que es momento de *cambio para trascender*. Solo entonces fácilmente lograremos *construir* desde los *cimientos*. Por supuesto, con la guía de nuestro *tesoro interno* podemos lograrlo. Amigo, todo lo que nos propongamos debemos hacerlo siempre con *amor, con el Tesoro de los Grandes Valores*. Es la clave para que en todo lo que realicemos, se encuentre la *esencia del Poder Supremo*. Es un hecho que siempre observa y valorará nuestro gran esfuerzo de todo lo que hacemos. Amigo, es la clave para que florezcan nuestros frutos.

El amigo dice:
—Es maravilloso y muy importante saber esto. Es cierto que muchas veces hacemos las cosas de mala gana o simplemente por hacerlas, incluso sin importarnos si lo hacemos bien.

El amigo, muy emocionado, replica:
—¡Saber esto es una maravilla!

—Amigo, es muy importante que los hijos, aunque sean adultos, tomen en cuenta a sus padres, no deben cerrar su mente. Se arriesgan a perder sabias experiencias de su parte que les pueden aportar mucho para librar algunos obstáculos peligrosos en su vida. Deben saber que el *amor* de los padres siempre será incondicional y verdaderamente sincero. Por supuesto, tengamos en cuenta que siempre habrá sus excepciones. Sin embargo, los hijos que son afectados o rechazados por sus padres deben confiar que *el Poder Supremo* ocupa su lugar, y todo lo maravilloso que se propongan realizar en su vida lo lograrán, nunca deben desistir.

El amigo responde muy emocionado: —Raí, esto es demasiado alentador para los chicos que tal vez por ahora están sufriendo por sentirse solos y tal vez rechazados. Me alegra saber que muy pronto sabrán que no están solos, incluso puedo creer que muchas puertas se abrirán para dar apoyo a estos niños y jóvenes que tal vez no tienen un hogar. ¡Urge entrar en acción! —Amigo, al principio, cuando comenzó mi dura vivencia, primero me confundí mucho, incluso por las enseñanzas con las que yo crecí. Aceptar que fuera yo la persona indicada fue el más grande obstáculo que pude tener. De hecho, hasta creo que mayor, que ni los ataques que recibí de las entidades malignas que intentaron de todo para detenerme. En realidad, no podía creerlo, me costó mucho trabajo, incluso ahora puedo creer que los *seres* que me dieron el *Gran Aviso* tal vez se rieran de mí. Amigo, me atreví a cuestionarles. Les decía; «¿Qué tal si me quieren engañar? ¿Cómo sé si ustedes son de los *buenos*? Me disculpo, pero comprendan que primero tengo que corroborarlo, porque, si son de los malos, ¡de ninguna manera me voy a dejar engañar!». Amigo, esto fue al principio, a pesar de que más adelante con mi dura vivencia pude corroborar con toda claridad que eran *seres de luz*, aún me negaba aceptar que fuera yo quien debiera dar este gran *aviso de oportunidad y de vida*. Por supuesto, por lo que después viví y me mostraron, pude comprender que la elegible no es la persona, ¡*es el alma*!, la cual ante *la Fuente Suprema* acepta cumplir un propósito. Por supuesto, *¡aun antes de venir a la tierra!* Amigo, está muy claro por qué los humanos jamás nos debemos de exaltar.

—¡Esto es asombroso! Sin embargo, me permite comprender que externamente podría haber usurpadores en puestos importantes, por supuesto impuestos por las entidades malignas. Sin duda, podría ser uno de los motivos más grandes del porqué el *gran día* de la *Fuente Suprema* ya está programado, ¿no lo crees? —Amigo, *el Poder Infinito del Universo* conoce todos los motivos por los cuales ya está aquí para realizar *justicia*. Por lo menos ahora ya sabemos que, para nuestra protección, es muy importante reencontrarnos con nuestro *tesoro interno*. Da por hecho que todos los que tomen su *elección* lo lograrán. Amigo, incluso será la manera para identificarnos. Recuerda que en él se encuentra su *presencia*.

—Raí, por favor, explícame a qué lugar se supone que regresa el *alma*.

—Amigo, nuestro traje físico pertenece a la tierra, porque aquí nacemos; sin embargo, nuestra *alma* debe regresar y unirse con los *seres de luz, con la Fuente Suprema,* donde pertenece. Ahora imagina el porqué del gran sufrimiento de tantas *almas* encerradas en espera de ser rescatadas, incluso al pensar que se pudieran encontrar algunas que ya no cuentan con su traje físico. Me entristeció mucho, créeme, cuando la mujer me rescató. Sentí cómo muchas *almas* me trataban de alcanzar con gran desesperación. Mucho tiempo después supe que su gran angustia y dolor era por salir de ahí. Incluso pude comprender que fue una de las razones de por qué mi *alma* tanto se arriesgó.

»Amigo, ayuda era lo que estaban pidiendo. Cuando lo pude entender, sentí gran tristeza. Por supuesto, *la Fuente Suprema* por medio de mi *alma* externamente me sacó el *coraje* y gran fortaleza para continuar. Necesitaba saber cómo ayudarles. Fue lamentable que en ese momento no entendiera nada de lo que me estaba pasando, ni siquiera tuve el conocimiento suficiente para alentarlas. Créeme, de saberlo por lo menos me hubiera gustado decirles que su rescate ya estaba muy próximo. Amigo, fue tan dura mi vivencia que tardé mucho tiempo para comprender lo que con desesperación me pedían. Primero tuve que pasar por terribles ataques, y aunque fue muy duro para mí, sentía como la *Esencia Suprema* siempre me alentaba para continuar.

»Amigo, más adelante comprendí que fue necesario que mi *alma* me llevara a mirar su duro recorrido. Solo entonces fue posible que externamente pudiera comprender la realidad de lo que muchas *almas* están viviendo. Incluso fue indispensable conocer la existencia de las entidades malignas y sus demonios para saber cómo protegernos. Por supuesto, considero que lo más importante era descubrir cómo salir de la obscuridad. Sabía que solo entonces iba ser posible que la mayoría pudiera comprender la importancia de tomar su *elección* para rescatar y reencontrarse con su *alma*. Por supuesto, antes del *gran día de la limpieza global* que viene pronto, directamente por la *Fuente Suprema*. El amigo responde:

—En realidad, lo siento, entiendo lo difícil que fue para ti.

—Amigo, sí que lo fue. Incluso externamente llegué a sentir que no resistiría. Lo maravilloso fue que me permitieron reconocer que tenía el apoyo directo de *la Fuente Suprema*, quien siempre me sostuvo y muchas veces me cargo. De no ser así, no lo hubiese logrado. En realidad, es maravilloso sentir felicidad y gran satisfacción de todo lo bueno que haces. Sin embargo, está muy claro porque no se debe sentir egolatría, vanidad y soberbia. Amigo, es verdad que debes comenzar por no dañar a nadie, sin embargo por ahora debes estar alerta para no permitir que te dañen a ti, por lo menos mientras la mayoría se decide en tomar su *elección*. Obviamente, el cambio en general solo se logrará después del gran *día* de la limpieza global.

El amigo responde: —Me emociona muchísimo comprender el gran poder de nuestra *alma*. Ahora entiendo por qué es nuestro *tesoro interno*. En realidad, es muy claro, esta gran oportunidad es a nivel global. Incluso ahora entiendo por qué no mencionas nombres de algún enviado del *Poder Infinito del Universo*. Comprendo que no debes provocar ninguna controversia para que nadie se confunda. Es muy obvio que este *gran aviso de vida* es para todos los habitantes de todo el mundo, solo espero que confíen en él.

»Amigo, tal vez sea ese el motivo y la razón, sin embargo es un hecho que, si no menciono algún nombre es porque ninguno me fue revelado para exponerlo. Todos deberán tener paciencia y confiar que, en su momento, directamente *la Fuente Suprema,* a través de su *tesoro interno*, a cada uno se lo mostrará. En realidad, es algo que a mí no me corresponde. Amigo, confía que tu *alma* será quien identificara lo que lees, lo que oyes y ves. Cuando leas cada frase, cada párrafo, cada palabra, si en realidad está escrita con el *alma,* incluso lo que oyes y ves, de inmediato te mostrará si viene con la *presencia del Tesoro de los*

Grandes Valores. Ya no tendrás de qué preocuparte, solo continúa hacia adelante.

»Amigo, espero todos comprendan que solo me debo limitar a informar lo que me fue indicado y lo que me fue mostrado a través de mi vivencia, incluso es necesario que se comprenda que este *aviso definitivo y de gran oportunidad* en este momento es para todos por igual, independientemente de su raza, religión, color de piel, creencia, gustos, preferencias, etcétera. Amigo, después de todo, quienes tomen su *elección* podrán comprender que la ayuda para el reencuentro con su *alma* y la gran limpieza global viene directamente de la *Fuente Suprema, Creador* de nuestro maravilloso planeta, de la *vida* y de todo lo hermoso que hay en él.

»Sin embargo, es muy cierto que desde siempre han surgido gente con *almas guerreras* que, a pesar de las circunstancias, siempre alertaron y lograron transmitir *esencia del Tesoro de los Grandes Valores*. Amigo, pronto para nadie será un secreto que solo los que cuenten con su *tesoro interno* podrán mirar con toda claridad. En realidad, los que se quieran seguir aferrando para ser utilizados por el mal, y los que siempre han dañado como si nunca iban a tener su definitiva consecuencia, muy pronto lo sabrán. Amigo, alégrate, *la Fuente Suprema* está con nosotros. Esforcémonos, es nuestra *responsabilidad*. Entremos en acción, realicemos *justicia con amor, bondad, respeto, sabiduría y gran persistencia*, mientras llega su *grandioso día*.

Reacciona el amigo: —Por hoy existen muchos engañadores que se enaltecen a sí mismos. Incluso ahora entiendo que tratan de usurpar *la Fuente Suprema*.

—Hay muchas cosas más, pero es algo que, por ahora, a mí no me corresponde hablar. Sin embargo, he podido reconocer personas buenas, realmente expertas, que han sabido descifrar grandes advertencias escritas desde hace milenios con la intención de alertar a muchos. Amigo, es una gran *verdad,* hay muchas *almas* que aceptaron cumplir una mayor responsabilidad en la tierra para apoyarnos. Obviamente son personas normales como todas, que jamás se enaltecen a sí mismas, y menos han buscado que los demás lo hagan. Esto es clave para identificar en ellas la *presencia de la Fuente Suprema.*

»Amigo, esperemos que ya nadie se confunda. Es tiempo de reconocer que toda acción ya sea *buena* o mala. Siempre trae consigo una consecuencia. En realidad, esto no tiene que ver nada con ser un castigo del *Poder Infinito del Universo,* porque no lo es. Incluso en su *gran día* viene a realizar *justicia*, no a castigar. Si así fuera, no nos hubiera alertado y menos tendríamos la gran oportunidad que aún nos está dando, incluso sin que la merezcamos. Amigo, llegó la hora de hacer correcciones, confiemos plenamente que nuestro maravilloso *tesoro interno* nos dará la guía y sobre todo gran fortaleza directamente de la *Fuente Suprema*. Alégrate porque estamos en tiempo de oportunidad para *trascender*. Solo espero que la mayoría con tiempo tome su excelente decisión.»Amigo, nadie debe temer, el malvado plan de las entidades malignas se les revertirá. Lo triste va a ser que aún hará caer a muchos por falta de su *guía interna.* Por su necedad aún caerán en su trampa. Sin embargo, quien tome su *elección* jamás temerá ni errará su camino porque contará con la guía de su *alma* en todo momento. Amigo, es una realidad, *la Fuente Suprema* está con nosotros y en nosotros, y su *Mano* ya está sobre la tierra para realizar *justicia*.

»Amigo, mi dura experiencia me recordó otras revelaciones. Comprendo que te vas a sorprender mucho y con justa razón. Sin embargo, son una realidad, la razón de mencionarlas es por el gran mensaje que aportan.

»Amigo, nunca pude olvidar un terrible sueño que viví por muchas noches continuas. Me despertaba llorando. Aún no tenía edad para contarle a mi mamá lo que me pasaba, sin embargo ella de inmediato me abrazaba para que sintiera su protección. Amigo, soñaba que me encontraba en un sitio muy reducido. De pronto miraba una bola. Por supuesto, más adelante pude reconocer que era en forma de globo. Miraba con toda claridad cómo se venía sobre mí para aplastarme. Recuerdo intentar luchar por mi vida a pesar del terror que sentía, sin embargo no había manera de hacerlo. El sitio donde me encontraba era tan estrecho que solo cabía yo, no había espacio para huir ni a los lados ni para atrás para que no me alcanzara el globo gigante. Lo único que hacía era arrinconarme lo más que podía. Recuerdo sentir cómo mi corazón se aceleraba. Aún podía ver cuándo el globo llegaba a mí. Recuerdo resignarme y solo cerrar mis ojos. Sin embargo, en ese momento siempre me despertaba. Al pasar los años fue siendo cada vez más esporádico, hasta que por fin dejó de aparecer. Sin embargo, se me quedó muy grabado, jamás lo pude olvidar. Por supuesto, más adelante descubrí el motivo.

»Amigo, ya siendo adolescente escuché a dos hombres hablar con una amiga. Le explicaban algo sobre un sueño. En ese momento pensé que tal vez sabían descifrarlos. De pronto recordé mi aterrador sueño. Sin pensarlo mucho se los conté, incluso les hice saber que fue muy constante y que se repitió por muchos años. Su respuesta fue la siguiente: «No te fue fácil olvidarlo porque es muy probable que no fuera un sueño. Aunque te sorprenda, pudo ser una vivencia que tuviste en el vientre de tu mama. Pregúntale a ella, es muy probable que tuviera algún problema en su embarazo o antes de que nacieras». Su comentario me sorprendió mucho, me era difícil pensar que alguien pudiera recordar algo antes de nacer. Claro, ahora ya comprendo el poder de nuestra *alma*. Por supuesto, en la primera oportunidad que tuve le pregunté a mi mama y me contó lo siguiente: «Una doctora me atendió en todo el embarazo. Cuando llegó el momento para que nacieras no la encontré y tuve que atenderme de emergencia con otra persona, la cual me contó que había riesgo porque venías de lado. De pronto se montó en mi vientre, supuestamente para acomodarte. De pronto me espanté tanto que sin pensarlo la aventé. Por supuesto, de inmediato me disculpé, pero le dije que sentí que te iba matar. En realidad, con eso fue suficiente para obtener la respuesta de mi sueño. Por supuesto, ahora que sé que el *alma* es la vida es obvio que llega al bebe desde que comienza su desarrollo. Amigo, me dio mucha alegría descubrir que la *presencia* de la *Fuente Suprema* está en nosotros, aun antes de nacer. Entiendo que tenía que contarlo. Comprendo que tal vez al saberse esto podría hacer reflexionar a muchas personas, sobre todo a mujeres. Sin embargo, es un hecho que cada una es libre de tomar su decisión.

El amigo, sorprendido, responde: —Esto me parece muy triste y delicado. Sin embargo, lo que cuentas es cierto, toda decisión es personal.

—En la siguiente revelación, tal vez tendría entre 5 o 6 años. Amigo, por favor, al final me gustaría tu interpretación.

Recuerdo que me encontraba a la orilla de un camino. Miraba la yerba crecida y los arboles no tan grandes. De pronto frente a mí se apareció un hombre en forma de demonio. Por supuesto, me tomó de sorpresa y no tuve tiempo de correr. De pronto me atacó y trató de jalarme. Por unos segundos comencé a forcejar para que me soltara. Al instante por arriba de mi cabeza vi unos brazos que empujaron al demonio de los hombros y de inmediato me soltó. Se trataba de un hombre vestido con una túnica blanca. A pesar de mi corta edad supe que era *Dios*, porque de inmediato lo venció. Recuerdo que mientras esto pasaba yo me escondí entre la yerba. De pronto, ya me encontraba con Él sobre el camino. Me tomo de mi mano derecha y comenzamos a caminar. Nunca pude olvidar el enorme gozo y la *seguridad* inexplicable que en ese momento sentí. Enseguida lo primero que hice fue levantar mi cabeza para mirar su rostro. Recuerdo que le sonreí. *Él* giro su cabeza para mirar el camino de frente y yo hice lo mismo. Pude ver que era todo recto y muy largo. No pude mirar el final, sin embargo pude observar que nadie más iba en él. Estaba completamente vacío. Por supuesto, para entonces fue imposible comprender su significado. Sin embargo, lo que guardé sellado dentro de mí, fue que siempre estaría a mi lado para protegerme. Por supuesto, al paso de los años, por tanta distracción, tentación y trampas, en muchas ocasiones se me olvidó. Sin embargo, ahora con esta durísima vivencia que he tenido no solo lo recordé, también felizmente lo corroboré.

»Amigo, es cierto que fue mi *alma* quien vivió directamente este gran privilegio, sin embargo comprendí que era importante contarlo, porque sé que tal vez muchos van a recordar alguna vivencia que no comprendieron o que tal vez ignoraron. Sin embargo, ahora podría alegrarlos mucho. Amigo, es una realidad que nadie se debe exaltar ni jactarse ante otros. Entiendo que por ahora lo hacen muchos pensando que ya *trascendieron*, sin embargo esta revelación fue muy clara. Aunque no te niego que hasta hace poco tiempo mi *alma* me ayudó a comprenderla. Aquí se nos muestra que su camino recto se encuentra vacío. Se comprende que, si se viniera la limpieza global sin su *aviso*, es un hecho que estaríamos todos en riesgo o por lo menos la mayoría. Por supuesto, esto hubiese sido un triunfo para las entidades malignas, sin embargo, aun sin merecerlo, *el Poder Infinito del Universo* nos envía su *aviso y una gran oportunidad* por el inmenso *amor* que nos tiene. Es una realidad, cada uno será responsable y libre de aprovecharla o no, porque la *elección* solo puede ser personal.

El amigo responde: —Caray, esta experiencia sí que fue maravillosa, aunque no el comienzo, ¿cierto? Raí, ahora que sé tu dura vivencia, sin complicación he podido comprender el mensaje. En esta gran revelación te resumieron lo que más adelante vivirías. Obviamente fue una gran señal para cuando llegara el momento de tu dura vivencia. Entiendo que fue para que no dudaras de lo asignado a tu alma. En realidad, ¡fue fascinante! Respecto al camino vacío, por supuesto que lo creo. En realidad, de una o de otra manera todos hemos actuado con egoísmo, Me queda claro lo peligroso que sería desaprovechar esta gran oportunidad. ¡Urge *trascender*!

»Amigo, me parece muy acertada tu interpretación, sin embargo dudar fue lo primero que hice. En realidad, me costó muchísimo aceptar que yo pudiera dar este gran *aviso de oportunidad y de vida*. Por supuesto, ahora lo entiendo plenamente. ¿Comprendes la gran importancia de por qué todos deben tomar su *elección?* Solo entonces podrán reconocer y comprender a plenitud el maravilloso *Tesoro de los Grandes Valores.* Amigo, no necesitamos saber de mucha ciencia para comprender la perfección de toda la *Creación del Poder Supremo.* Nuestro traje físico, la forma de reproducirnos, los animales, el aire que respiramos, el mar, los árboles, las flores, la lluvia, el rocío de las mañanas, el sol..., en fin, todo tiene su razón de ser con gran perfección. Amigo, la tierra le pertenece y viene a reclamarla, sin embargo por su *gran bondad y amor* que nos tiene aún nos ofrece una gran oportunidad, sabe que solo con su apoyo podremos liberar nuestra *alma.* Espero que ya nadie se confunda, es una falsedad que viene a realizar venganza. La única *verdad* es que viene a realizar *justicia.* En fin, cada uno es libre de creer lo que quiera y de tomar o no su *elección.* Pero es importante que comprendan que sobre aviso, con tanta claridad, no hay engaño.

»Amigo, con el hecho de pensar que la mujer que me sacó de la intensa obscuridad es un alma que vino directamente del *Universo* me da muchísima alegría. Por supuesto, mi agradecimiento hacia ella será por siempre. Amigo, en ese lugar no se podía mirar casi nada, sin embargo recuerdo que había otras *almas* pero en diferentes lugares, incluso algunas con algo de lucidez. Por lo menos podían mirar algo. Es lo que me hizo comprender que para muchos será menos complicado salir de ahí. Considero necesario contar esto para que nadie decaiga ni se deje engañar. No deben permitir la duda, deben confiar plenamente que su lucha y esfuerzo no lo harán solos. *La Fuente Suprema* jamás los dejará, solo deben continuar, seguir adelante, no se detengan. Recuerden que hay errores que podrán corregir, pero otros solo jamás los deberán repetir. Es un hecho que quien tome su *elección* logrará *trascender,* Amigo, recuerda que mi *alma* fue encerrada en la más intensa obscuridad, lo que expongo pude comprobarlo. Incluso aún sigo hacia delante sin detenerme. Amigo, con toda claridad me fue mostrado que nuestra oportunidad para salir de ahí es ahora.

»Te voy a contar una visión que considero de gran importancia mencionar. Recuerdo encontrarme nuevamente en ese lugar obscuro intentando encontrar el camino para salir. De pronto me sorprendí al sentir la presencia de alguien. Giré solo un poco hacia atrás y efectivamente. A pesar de la poca lucidez, pude distinguir varias *almas* que venían muy cerca detrás de mí. Al momento comprendí que, al igual que yo, también estaban buscando cómo salir. Al llegar a un lugar en alto me alegré. Enfrente de donde nos encontrábamos se hallaba la salida. Solo debíamos bajar ese camino rocoso, cruzar y volver a subir para por fin salir. Sin embargo, gran sorpresa me llevé, o más bien nos la llevamos todas las *almas,* porque de pronto para no chocar me tuve que detener muy bruscamente. Créeme, me detuve solo por reflejo. Cuando ya pude distinguir, se encontraba frente a mí un perro enorme. Por la obscuridad, fue difícil mirarlo antes porque era completamente negro. Lo más impresionante fue cuando rápidamente alcancé a mirar hacia abajo: el camino que debíamos cruzar estaba completamente bloqueado por muchísimos perros más, incluso, también completamente negros. En realidad logré distinguirlos cuando se movieron para levantar su cabeza y voltear a ver al perro que estaba frente a mí. Se pusieron en posición como esperando instrucciones de él. De inmediato comprendí que tal vez sería su líder y que solo esperaban su señal para atacarnos. Por supuesto, no había nada que hacer, solo esperar. De pronto el perro se acercó aún más a mí. En realidad no tenía opción de hacer nada, así que me quede inmóvil. Sin embargo, lo único que hizo fue mirarme fijamente un instante. Me sorprendió cuando de pronto se hizo a un lado mostrando que podíamos continuar, incluso, con solo voltear para mirar a los perros que bloqueaban el lugar. Estos comenzaron a dejar un espacio libre para que pudiéramos pasar .¡Fue increíble! Me llené de alegría porque sabía que al cruzar se encontraba la salida.

»Amigo, no te puedo explicar el inmenso gozo que sentí cuando recordé que varias *almitas* saldríamos en ese momento de ahí. En realidad, me alegre aún más al comprender que tal vez serían de personas para transmitir y dar gran apoyo a otras *almitas,* incluso tal vez ya lo están haciendo. Amigo, pude comprobar el gran apoyo que necesitan muchas *almas* para salir de ahí, sobre todo las que se encuentran en intensa obscuridad. Es necesario atraerlas por lo menos a donde haya lucidez, solo entonces podrán continuar solas como lo hice yo. Fue lo que me mostró la bella *alma* que me ayudó a mí. Amigo, es un hecho que las *almas* que llegaron conmigo a la salida tuvieron su propia dura vivencia, un recorrido diferente de los muchos lugares que se encuentran ahí. Dalo por hecho, cuando compartan lo mucho que les fue revelado, alumbrarán y alegrarán a muchas *almas* y, aunque sé que por el momento no nos conocemos, puedo confiar que en *esencia de la Fuente Suprema* ¡estamos unidas! Incluso presiento que tal vez externamente nos encontraremos. »Amigo, tenía que contar esta vivencia, porque nos muestra claramente que, sin la ayuda del *Poder Infinito del Universo,* jamás hubiésemos tenido la oportunidad de salir de ahí. Incluso solo me fueron mostrados dos bloqueos para impedir la salida. Sin embargo, puedo creer que, como esos había muchos más, lo que significa que, por nuestra propia fuerza, jamás lo hubiésemos logrado.

»Amigo, el tiempo es ahora para rescatar cada uno su *tesoro interno* y salir de ahí. Es un hecho, los bloqueos serán quitados para el que tome con sinceridad su *elección*. Solo nos debemos esforzar para quitar todo derecho a las entidades malignas, ¡es la clave! Tú lo estás haciendo y de igual manera lo estoy haciendo yo. Amigo, cuando *el Poder Supremo* le dio protección a su *alma* de mi amiguita, ¿recuerdas cómo se enfureció el demonio? Incluso gritaba que ya le pertenecía. El aferrado estaba mintiendo, son astutos y tramposos. Esto me mostró que nadie con su propia fuerza hubiera logrado hacer volver a su *alma*. Amigo, ahora es el tiempo de oportunidad, la cual nos está dando *la Fuente Suprema* para salir de ahí, lo sé por mi vivencia. Sin su ayuda sería imposible lograrlo, sin embargo cada uno será libre de creer o no, ya que la decisión solo puede ser personal.

—Estoy impactado —respondió el amigo—. Contaste que al tomar nuestra *elección* podemos expulsar a los usurpadores, sin embargo esto significa que estos demonios se pueden aferrar de manera diferente con algunas personas, ¿verdad? —Amigo, relájate y por favor no te preocupes, todos lograrán expulsar a los usurpadores. Esto no le quita oportunidad a nadie. Quien tome su *elección* podrá enfrentar su realidad, es la única forma de reconocer al demonio que está cargando. Puede ser la envidia, la necedad, la falsedad, el cinismo, el engaño, el fanatismo, etcétera. Solo entonces podrá comprender cómo comenzar su limpieza interna para darle retorno a su *tesoro interno*. Amigo, quien emprenda su lucha para expulsar a estos demonios les quitará todo derecho sobre su *alma*. Alégrate porque felizmente ¡podrá salir de ahí! Aunque los demonios se aferren y se enfurezcan, ahora saben que su tiempo se les terminó, amigo. ¿Comprendes por qué es tan importante aprovechar el tiempo de oportunidad que ahora se nos está otorgando? Estas entidades malignas ya se adjudicaban todas las *almas* de la humanidad, incluso jamás hubieran permitido la salida de nadie. Sin embargo, ¡ya no lo podrán impedir! Saben perfectamente que su tiempo se les terminó y que la *presencia de la Fuente Suprema* ya se encuentra sobre la tierra para realizar *justicia*.

»Amigo, es una realidad que, a pesar de nuestras malas decisiones, *la Fuente Suprema* nos está dando una gigante oportunidad de vida, por el hecho de enviarnos su *Gran Aviso y conocimiento* para liberarnos antes del gran *día* de la limpieza global. Sin embargo, como siempre lo ha hecho, también ahora *respetar*á nuestra última decisión. Es importante reconocer que de su parte no hay castigo ni venganza. La dura consecuencia que cada uno ha recibido es obvia que ha venido de los mismos demonios que aceptó. Por supuesto, esto es lo que provocará que unos se tengan que esforzar aún más para el retorno de su *alma*. Sin embargo, quien lo decida podrá confiar plenamente que lo logrará, porque su lucha no será sola.

El amigo, preocupado, responde: —Tienes razón, es cierto, habrá personas que le permitieron mayor entrada a los demonios. Raí, te quiero preguntar algo que me pone un poquito nervioso, aunque sé qué debo hacerlo. Por favor, dime: ¿por qué hay *almas* fornicando con demonios? ¿Eso qué significa? Perdón, pero tal vez pudiera ser de ayuda saberlo.

—Amigo, espero que al saber esto la gente se preocupe por rescatar con mayor rapidez su *alma*. En realidad, no importa a qué demonio le den refugio. la consecuencia siempre será crítica y dolorosa, sea el miedo, la crueldad, el engaño, la falsedad, el odio, la ambición, etcétera. De igual manera habrá tortura. Incluso se puede complicar aún más cuando intervienen las entidades malignas, claramente pude comprobarlo. Amigo, la respuesta a tu pregunta no es agradable, incluso me parece triste mencionarlo. Por el hecho de pensar que si un alma fornica a placer con los demonios significa que su traje físico logró corromperla. Te confieso que se me hace muy difícil aceptarlo, sin embargo, muchísimas *almas* se encuentran viviendo esta situación, pero siendo torturadas, por el hecho de ser obligadas. En fin, solo *la Fuente Suprema* puede identificar sin excepción el *tesoro interno* de cada uno. Amigo, urge tomar acción.

El amigo responde: —Cada vez me sorprendo más, esto es muy fuerte. La gente tendrá que sacar el *coraje* y la *valentía*. Ahora sabe que en su lucha no estará sola, y que solo con su gran esfuerzo le dará libertad a su *alma*. Te confieso que cada vez estoy más impactado.

—Amigo, una de las cosas que les dio mayor expansión a las entidades malignas fue que a la mayoría de las personas nunca le importo aceptar ni reconocer sus malas decisiones. Por supuesto, esto provocó que predominara la justificación. Siempre fue más fácil buscar culpables que hacer correcciones. Sin duda, fue y es uno de los mayores obstáculos que a muchos si no toman acción les impedirá *trascender*. Sin embargo, todos los que tomen su *elección* podrán confiar en el maravilloso cambio que muy pronto se logrará.

Responde el amigo: —Es claro que fuimos vendidos con las entidades malignas, porque sabían del gran poder de nuestra *alma*. Presiento que siempre supieron cómo dañarla, limitarla, incluso cómo tratar de corromperla, y por lo que se ve, puedo afirmar que lograron afectar a muchas.

—Amigo, la falsedad y el engaño han sido brutales para confundir, limitar y aterrar a las personas. No temamos a la obscuridad, en nuestro *tesoro interno está* la *luz* para alumbrarnos. Amigo, urge multiplicarnos para que nadie se paralice y continúe siempre hacia delante. En realidad, la única obscuridad maligna es la que portan dentro estos demonios y la gente que les da refugio. Amigo, quien recupere y fortalezca su *tesoro interno* va a poder reconocer y corroborar que estas obscuras entidades malignas no son capaces de crear algo. Sin embargo, todo lo creado lo utilizan para sus perversos fines. Por ejemplo, la obscuridad la utilizan para esconderse, para sus perversidades, para aterrar, paralizar y cegar a la gente. Amigo, su falsa luz la utilizan para imitar y engañar. Es el motivo por el cual te hago tanta referencia a seguir hacia delante y permanecer alerta.

—Raí, esto es muy aterrador. Sin embargo, saber esto nos previene y nos alerta demasiado. Por supuesto, comprendo que para nuestra protección es urgente el rencuentro con nuestra *alma*.

—Amigo, sin embargo entre las entidades malignas siempre ha existido rivalidad por el planeta y la humanidad. Por supuesto, en un momento desesperado tal vez traten de unirse, aunque no creo que lo consigan. Solo imagínate hacer unión la envidia con la ambición, la traición, la falsedad, la soberbia, la egolatría. De plano sería imposible, pero, aunque momentáneamente así fuera, de antemano saben que jamás lograrían evitar el *gran día de la Fuente Suprema*. Es un hecho que se creyeron sus propias mentiras y pensaron que se quedarían de amos y dueños de este maravilloso *paraíso* que de ninguna manera les pertenece. Amigo, claramente lo vi, me lo mostraron. ¡*La Mano de la justicia ya está sobre la tierra*!

»Amigo, estas entidades malignas saben que no tienen ninguna oportunidad de luchar contra *los seres de la Fuente Suprema*. Su único argumento para su defensa era inventar que la humanidad fue quien tomó la decisión de elegirlos. Incluso en un momento desesperado hubieran tratado de ponernos como escudos humanos para evitar su caída, porque saben de su gran *bondad*. Sin embargo, nunca se imaginaron que por el gran *amor* que le tiene a la humanidad *enviaría su Gran Aviso Definitivo para nuestra oportunidad de elección*. Amigo, es muy claro, sobre aviso no existe injusticia ni engaño. Por supuesto, cada uno sabrá si aprovecha su tiempo de oportunidad para expandir su llama de luz o simplemente lo deja ir. Es un hecho, cada uno tiene su completa libertad para tomar su última decisión.

—Te confieso que mi alegría aumenta cada vez que puedo ver con mayor claridad —dice el amigo y continúa eufórico—: Es una maravilla saber que nuestro *tesoro interno* esté directamente conectado con *la Fuente Suprema*.

—¡Despertemos! Es tiempo de proteger a nuestros niños y jóvenes. Urge a la brevedad cubrir nuestros hogares y todo nuestro entorno solo de la *esencia del Tesoro de los Grandes Valores,* por supuesto, empezando por nosotros mismos. Entiendo que al principio para muchos no será fácil. Sin embargo, cuando nos vayamos sumando los grandes resultados serán sorprendentes.

Amigo, nuestra única *responsabilidad* era cuidar de nuestra *alma* para vivir felices, libres, disfrutar y hacer cada uno lo que le agrade con *amor* y plena confianza. Es importante tomar en cuenta que no somos robots para ser todos iguales. Lo que en realidad importa es coincidir en *esencia del Poder Supremo*, porque solo entonces ya jamás nos haremos daño. El amigo dice:

—Me dan ganas de gritar con todas mis fuerzas por la emoción, Raí. Tenemos que agradecer muchísimo a *la Fuente Suprema*.

—Por supuesto, y la mejor forma de agradecerle será lograr cada uno el reencuentro con su *alma* y aprovechar esta gran oportunidad que por ahora está disponible. Amigo, es urgente atraer cada uno a su *tesoro interno*. Las entidades malignas ya no les podrán impedir la salida. Sin embargo, deberán estar muy alertas porque algunas se pueden encontrar en mayor riesgo por el hecho de que les continuarán poniendo trampas para atraparlos y espantarlos para que se desistan de querer salir. Te voy a describir algo más de lo mucho que intentaron hacer con mi *alma,* incluso cuando ya me encontraba con gran fortaleza en busca de la salida. Espero que saber esto los pueda alertar aún más para que no se dejen atemorizar.

»Amigo, gracias a que externamente siempre continúe descifrando el mensaje, pude rechazar y separar al mal del *bien*, mi *tesoro interno* se fue fortaleciendo. Recuerdo que al principio me sentí en un laberinto, no miraba ninguna señal de salida alguna. Sin embargo, seguí hacia adelante. Un día, de pronto me encerraron en un cuarto como de dos metros cuadrados. Todo fue rapidísimo, incluso pude ver las cuatro paredes. Al instante sin pensarlo cerré mis ojos y con todas mis fuerzas estando en el suelo traté de pegarle a una pared con mis dos pies, al momento grité con toda seguridad: «¡No más!». En ese momento pude ver cómo explotaron dos de las paredes, incluso ni las toqué. Lo importante fue que vi cómo se hicieron pedazos los tabiques dejando dos grandes salidas. Obviamente me salí de inmediato. Estando afuera opté por regresar y me asomé en una de las paredes derribadas. No me quise ir sin averiguar quién me intentó encerrar. Miré hacia el interior y pude ver una pequeña estructura de cemento como de un metro de alto. Sobre ella se encontraba parada una mujer que me pareció conocida. Me acerqué aún más, pero sin cruzar la línea. Por supuesto, al mirarla más de cerca me impacté. Sin embargo, no entré, observé por un momento más para confirmarlo. De pronto descubrí que me querían engañar. Al instante grité: «¡Ella no es mi amiga!». De inmediato la mujer se fue hundiendo rectamente en la estructura, hasta que desapareció. Fue cuando pude comprobar que se trataba de una entidad maligna.

»Amigo, es obvio que pusieron a mi amiga de anzuelo para que entrara en su ayuda y me encerraran de nuevo. Es la razón por la cual deberán estar muy alertas en todo momento, sobre todo estar conscientes de que las decisiones y acciones externas que tomen son las que le darán la fortaleza y el camino de regreso a su *tesoro interno*. Amigo, mi vivencia fue difícil porque aún no tenía el conocimiento que ahora estoy tratando de compartirles. Está claro que para ustedes ya no será tan complicado, sin embargo sabemos que cada uno será libre de su última decisión.

—Por supuesto, me queda claro que la información que nos estás compartiendo es para adquirir el conocimiento necesario para atraer y fortalecer nuestro *tesoro interno* —dice el amigo y continúa un tanto preocupado—: Solo espero que la mayoría aproveche esta gran oportunidad. —Amigo, comprendo que te encuentres aún muy sensible por estar en el inicio de tu proceso, pero por favor deja de preocuparte. Sabes que todos tienen la misma oportunidad. Quien no quiera aprovecharla comprende que será su decisión personal. En realidad, es el motivo por el cual tuve que compartir mi experiencia. Es importante que todos comprendan el peligro y la *verdad* de lo que se viene. Solo espero que a la brevedad tomen acción. Amigo, cuando me mostraron y me dijeron que diera el *Aviso* sabía que sería imposible que la gente lo creyera, sobre todo por el mucho engaño que ha surgido sobre este tema. Sin embargo, jamás me imaginé lo que me esperaba. Pero ahora puedo entender que mi dura vivencia fue necesaria para alertarlos. Imagina que solo hubiera dicho que el *Gran D*ía ya estaba programado, hubiera sido difícil que la gente lo creyera, y lo más peligroso hubiera sido no saber cómo atraer nuestro *tesoro interno* para protegernos.

El amigo interrumpe a Raí:

—Perdón, pero tú pudiste ver el recorrido de tu *alma,* incluso a las entidades malignas. Me queda claro que fue para alertarnos, sin embargo me surge esta pregunta: ¿consideras que también nosotros veremos el recorrido de nuestra *alma*?

—Relájate. En realidad, esa fue la clave. Comprende que fue necesario que mi *alma* me mostrara su recorrido. Fue muy importante que yo pudiera ver los ataques que recibía y sobre todo el aferramiento de las entidades malignas que intentaron de todas formas tratar de detenerla para que yo no los alertara. Por supuesto, fue muy difícil y desconcertante para mí la manera tan inesperada de adquirir conocimiento. En realidad para entonces aún no estaba consciente de lo que estaba viviendo. Amigo, sin embargo comprendo que tú no has mirado ningún intruso. No creo que toda la gente tenga que vivir esa dura experiencia, pero no lo descartemos. Es posible que algunas personas tengan que mirar el estado de su *alma* para que reaccionen, sin embargo ya no será tan complicado para ellos, ¡ya están alertados! Sabrán que no tienen por qué temer, deberán confiar plenamente que no están solos. Amigo, por mi dura vivencia lo puedo asegurar: *la Fuente Suprema* jamás nos abandona.

El amigo dice:

—Es clave estar alertados para no declinar. Entiendo que será urgente pasar la voz para que todos tengan la gran oportunidad de estar avisados. Lo que cada uno después decida será su *responsabilidad*.

—Exactamente, solo se trata de que estén *avisados,* la decisión será personal. Amigo, por ahora será mejor enfocarnos en la solución que nos ha sido obsequiada. En realidad, la *Mano* de la *Justicia* ya se encuentra sobre la tierra. Me mostraron que, al ir quitando la protección que está sobre ella, se va a ir desmoronando. Amigo, a veces me inquieto por mi tardanza para compartir el *Gran Aviso,* sobre todo cuando escucho lo que está sucediendo en algunos lugares. Amigo, es hora de reconocer que son demasiadas señales de lo que muy pronto a mayor escala se puede venir. Sin embargo, esto no debe espantarnos, lo que importa es que a la brevedad tomemos acción. ¡Podemos evitarlo! Es una realidad, sobre aviso no hay engaño. —Es cierto, tienes razón. Depende de nosotros, la solución la tenemos. Ahora con urgencia solo debemos entrar en acción. Sin embargo, recordé lo que contaste respecto a generaciones antiguas que tal vez pudieron ser desaparecidas por no escuchar. Entonces mi pregunta es: ¿consideras que lo mismo podría pasar ahora?

—Amigo, debes confiar. Toda la gente que tome su *elección* y recupere su *tesoro interno* independientemente de lo que siga ¡ya ganó! En realidad, nosotros no sabemos la reacción de la mayoría. Entonces, solo *la Fuente Suprema* sabe si nos traslada a otro lugar, si *ascendemos*, o nos permite continuar en la tierra. Por supuesto, a todos quienes nos decidimos en aprovechar esta maravillosa oportunidad es importante tomar acción para estar preparados a lo que de una o de otra forma acontezca. Incluso puedo creer que eso pudo pasar con antiguas generaciones. Plenamente puedo confiar que trasladó o *ascendió* a quienes en ese tiempo actuaron con *bondad, justicia, respeto, amor,* etcétera. De hecho, te confieso que cada día platico con mi *alma* y con *la Fuente Suprema.* Les comento que la tierra con toda su bella creación en ella es un *paraíso* y que no es *justo* que, por nuestras malas decisiones, los árboles *sabios*, toda la naturaleza, incluso todo ser vivo reciba una mayor sacudida. Amigo, sin embargo debemos aceptar y estar conscientes. Es inminente y necesaria la limpieza global para que sea extinguido todo lo que la daña. —Considero que es lo menos que podemos hacer. Sería bueno que todos lo contemos con nuestra *alma* y con el *Poder Infinito del Universo.* Es cierto lo que dices, es importante que la naturaleza no sufra un mayor daño, sin embargo estoy consciente de que todo dependerá de la reacción de la mayoría.

—Amigo, nosotros los humanos no alcanzamos a mirar toda la maldad que cubre la tierra, sin embargo *la Fuente Suprema* todo lo sabe y lo ve. Es el motivo por el cual ya está aquí para realizar limpieza global y terminar con el terrible dolor y sufrimiento de muchas *almas* abandonadas. Amigo, la gente debe estar consciente de que permanecer estáticos significa perder la gran oportunidad que por ahora nos está siendo obsequiada. Incluso recuerda que la elegible es el *alma*. Quien no la porte no tendrá ninguna oportunidad, sin embargo cada uno será libre de su decisión.»Amigo, todo el que quiera *trascender* para tener conexión directa a través de su *alma* con *la Fuente Suprema* que tome su *elección*. Quien decida la otra opción es un hecho que nadie le podrá obligar a lo contrario. Recuerda que cada uno es libre de creer lo que quiera, ya que la decisión solo puede ser personal.»Amigo, ¿comprendes por qué no tengo que convencer ni debatir ni discutir con nadie? El que quiera creer o no será su responsabilidad. Amigo, te agradezco muchísimo por tu gran ayuda y por permitir transcribir parte de nuestra larga conversación para transformarla tal vez en un pequeño libro. Es lo que de pronto se me ocurre para comenzar a transmitir el *Gran Aviso*. Amigo, con gran sinceridad, mil gracias por tu paciencia, ahora solo espero haberlo logrado correctamente. Te confieso que mi mayor deseo es que, si no todos, por lo menos la mayoría de las personas se decidan en iniciar su pronta lucha para salir de ahí. Amigo, ¡es un hecho! Todo el que con sinceridad tome su *elección* debe confiar que lo logrará.

—Raí, ahora yo ¡aún estoy en *shock*! Pero feliz, puedo comprender que para nadie existirá ninguna duda. ¡Este *Gran Aviso* es de *vida*! Ahora más que nunca comprendo por qué todos

deben tomar cuanto antes su *elección*. Sin embargo, me ha surgido una pequeña pregunta: ¿aún seguiremos siendo diferentes cuando contemos con nuestro *tesoro interno*? —Amigo, después del gran *día* de la limpieza global, solo *la Fuente Suprema* sabrá si necesitaremos una mayor transformación. Sin embargo, comprende que no nos hizo robots para que seamos todos iguales. Esto me permite comprender que seguiremos siendo muy diferentes como ahora. Recuerda que a cada persona le son otorgadas sus virtudes, talentos, dones y grandes habilidades. Esto seguirá marcando una gran diferencia, otra por la *esencia* que a cada uno le predomine. También por la actitud, las preferencias y los gustos externos. Amigo, muchas cosas como ahora nos seguirán haciendo muy diferentes, sin embargo el más grande y maravilloso cambio que disfrutaremos todos es por el hecho de que ya solo *gobernará* en la tierra el *Tesoro de los Grandes Valores*. Ese será el grandioso cambio de lo que ahora se vive. Amigo, es un hecho que por ahora el gran cambio a nosotros nos corresponde realizarlo. Sabemos que no estamos solos, recuerda que nuestro poder y protección está en nuestra *alma*. Ahora que estamos conscientes y lo sabemos, ya jamás ningún usurpador hallará refugio en nosotros ni podrá dañar nuestro *tesoro interno*, y menos desviarnos de su excelente camino. Mientras tanto, esforcémonos y continuemos hacia delante. Recuerda que el gran *día* muy pronto se aproxima. ¡Alégrate!
—Me agradó mucho lo que has mencionado, ¡es fascinante! Sobre todo me emociona saber la *esencia* que predomine en mi *tesoro interno*, creo que será muy interesante descubrirlo —dijo el amigo.

—De hecho, pienso que todo ser humano, aun antes de descubrirlo, de alguna manera por instinto lo ha mostrado de forma natural, o tal vez solo algunos. Sin embargo, puedes confiar que más adelante todos lo harán, ¡alégrate! Así será, incluso todos durante su proceso mayores cosas lograrán descubrir de sí mismos. Amigo, ahora solo espero que nadie se confunda. Lo dicho en este escrito ¡es el *Aviso Definitivo*! Sin embargo, debemos estar preparados y aprender a controlar nuestras emociones para no dar cabida a la tristeza. Es muy probable que algunas personas, aunque se esfuercen con *amor* para que gente amada aproveche esta *gran oportunidad*, tal vez no puedan lograrlo. Sin embargo, deberán *respetar* su decisión y aceptar que la *elección* solo puede ser personal.

»Amigo, estemos alertas, sabemos que de pronto se pueden venir algunos días difíciles. Sin embargo, tengamos confianza que todos los que tomen su *elección* nada los detendrá, desprenderán *esencia de la Fuente Suprema*, lo que de pronto reflejará un gran cambio por el hecho de realizar nuestras acciones solo con el *Tesoro de los Grandes Valores*. Amigo, es una realidad: puedes confiar que la caída del mal ya comenzó. —Raí, muy seguro de lo expuesto a su amigo, continuó diciendo—: Amigo, es tiempo de dar a conocer la existencia de este escrito, para que todos puedan tener la oportunidad de conocer con detalle *el gran Aviso*. Amigo, gracias por ofrecerme tu apoyo. De igual manera espero que los que vayan teniendo el privilegio de ser avisados también traten de pasar la voz sobre su existencia. Tengo la plena confianza de que le llegará a la gente indicada. Recordemos que solo *la Fuente Suprema* conoce el *tesoro interno* de todos los seres humanos, aunque por su *gran bondad*, su *aviso* lo envía para todos.

—Raí, me da mucho gusto saber que la oportunidad es para todos por igual, sin importar su raza, religión, nivel social, preferencias, gustos ni en qué parte del mundo se encuentren. Sin embargo, tengo una duda: ¿existe una raza o religión elegida por *la Fuente Suprema*?

—Amigo, en realidad yo siempre he *respetado* toda religión, pero sabemos que, por la falta de *respeto,* esta creencia ha traído a la humanidad infinidad de tragedias y ha separado a las personas, incluso familias. Sin embargo, si antes la hubo o ahora la hay, yo no lo sé. Comprendo que solo *la Fuente Suprema* tiene esa respuesta, incluso tal vez también la tengan quienes lo aseguran. Lo que sí te puedo decir es que la decisión para *trascender* es individual; en realidad, tomar su *elección* y vivir su proceso solo puede ser personal. Sé que lo debo comentar con toda claridad para que nadie se confunda. Esta gran *oportunidad* es para todas las personas sin excepción, incluso para los que no tienen religión. De hecho, el *Gran Aviso Definitivo* nada tiene que ver con alguna. En realidad, yo solo estoy alertando que estamos en tiempo de *elección,* oportunidad, corrección y de cambio urgente. Es un hecho: la decisión a cada uno le pertenece, ¡es muy simple! Amigo, *la Fuente Suprema* nos *ama* a todos por igual. Sin embargo, es cierto que los que quieran arriesgarse hasta el *día* final con la afirmación de ser especiales o elegidos están en completa libertad y en todo su derecho de afrontar sus decisiones. Amigo, es una realidad, el gran *día* ya está programado. Que se alegren los incansables amadores de la *justicia y de la verdad,* porque la *Mano del Poder Supremo,* ¡ya está sobre la tierra!

El amigo dice con gran emoción:

—Entiendo que ya no debo lamentarme por la gente que sufre. En verdad me da mucha alegría saber que la *justicia* pronto llega para todos; sin embargo, ahora te tengo una pregunta de un tema muy delicado. Es sobre una minoría de personas que siempre de alguna manera fueron rechazadas y muchas veces señaladas. Por supuesto, no por todos, también hay mucha gente que los *respeta*, y me incluyo. Me refiero a la gente gay, homosexual. Raí, prefiero preguntarte con toda claridad sobre todo con lo que ahora está pasando con la llamada ideología de género, porque, después de ser rechazados, ahora resulta que los están publicitando. Por favor, dime, ¿cuál es la situación para ellos sobre esta *gran oportunidad*? —Amigo, todo lo que pueda dañar, incluso a una sola persona, no es buena opción. Esto me recordó el gran daño que se puede ocasionar en un hogar a los hijos, por machismo o feminismo. Sin embargo, se debe *respetar* la decisión de cada persona, porque cada una es libre de tomar sus propias decisiones. Solo puedo decirte que sería bueno que tomen en cuenta que por ahora tenemos la gran oportunidad de corregir y cambiar nuestras malas decisiones. Amigo, estamos en tiempo de cambio. Respecto a las personas de las que me hablas de que señalan y juzgan a la gente, solo por el hecho de ser diferentes sería mejor que si no tienen el conocimiento o la certeza de algo le den prioridad a la *discreción*. Es mejor que dar una errónea opinión. Entiendo que por ahora nadie sabe por qué algunas personas nacen diferentes y mucho menos cuál es el motivo o la razón, solo *la Fuente Suprema*, quien con toda claridad me mostró que los *ama* por igual. ¡Pude comprobarlo! La gente gay, hombres y mujeres, tienen la misma oportunidad de tomar su *elección*, incluso, descubrir sus dones, virtudes, talentos, habilidades y la *esencia* que predomina en su *alma*. Por supuesto, los que deseen realizar lo que vinieron a cumplir en la tierra. Amigo, es importante que se entienda que la *oportunidad* no es por sexo, nacionalidad, color de piel, creencia, raza, religión, etcétera. El *Gran Aviso definitivo* es para todos sin excepción. Sin embargo, cada persona es libre de su decisión, Amigo, es una realidad, en el gran *día* para todos los que se decidan por el maravilloso *Tesoro de los Grandes Valores* será de *luz, oportunidad, libertad y vida.*

»Amigo, ten confianza, la gente que tome su *elección* ya no escuchará a quien trate de hostigar, oprimir, criticar, obligar, manipular, limitar y dañar su *alma*. Incluso ya podrá evitar que la manden a la obscuridad. Es tiempo de liberarse, de vivir feliz, de *trascender*. Sin embargo, por ahora es muy importante como inicio enfocarse en los pensamientos porque de ahí surgen las acciones. Solo entonces cada uno le podrá quitar todo derecho a los demonios que por error le haya otorgado. Amigo, cuidemos y protejamos nuestro *tesoro interno*. ¡El tiempo de querer mezclar el *bien* con el mal se terminó! Cada uno tiene toda libertad de tomar su *elección por la esencia del Tesoro de los Grandes Valores* o de elegir a los demonios de la maldad. Será su decisión, sin embargo, ¡No habrá otra oportunidad! El amigo dice:

—Te quiero contar algo muy personal. Desde hace mucho tiempo y de manera esporádica, comencé a tener sueños muy inquietantes. Por supuesto, ahora ya puedo comprender un poco el motivo, sin embargo, prefiero escucharlo de ti. En uno de los sueños, recuerdo que me bajaba de un camión. No había nadie y estaba muy obscuro, ni siquiera comprendía dónde estaba ni a dónde iba. Por supuesto, me desperté sobresaltado. En otra ocasión me miraba que estaba a punto de caerme de un abismo, fue muy aterrador. En otro me encontraba caminando era de noche. No se miraba nadie, ni siquiera sabía a dónde iba, pero de pronto me atacaron unos perros que no supe ni de dónde salieron. Y así hubo otros más. En realidad fueron muy desconcertantes para mí. Nunca supe lo que significaron. Por supuesto, ahora entiendo que algo me quiso decir mi *alma*, pero yo no lo comprendí. Por favor, me gustaría saber si estoy en lo cierto.

—Amigo, es un buen punto lo que has mencionado, sin embargo ya no tiene caso que te lamentes, puesto que ahora ya tienes la clave para protegerla y poder corregirlo, incluso evitar que vuelva a suceder. Antes no se tenía el conocimiento, sin embargo muy pronto todos lo tendrán. Amigo, en tus sueños tu *alma* trataba de pedir con desesperación tu atención. Sabía que tal vez por distracciones, pensamientos o tus acciones ya no la escuchabas. En realidad la estabas apartando de ti, por lo que ya no sabía qué rumbo seguir. Solo veía obscuridad, donde tú mismo la estabas enviando. La dejaste indefensa al acecho del mal. Es cierto que nuestras malas decisiones nos dañan externamente. Sin embargo, la mayor tortura se la lleva nuestra alma. Es el motivo por el cual jamás se deben enviar malos deseos a nadie. Estos van cargados de demonios para atacarla que después se regresan con la persona que los envió para cobrarse con su *alma*. Amigo, esto muestra la facilidad que han tenido para dañarnos. Lo *más lamentable* es que hay personas que no quedan satisfechas y a*ún* acuden a lugares donde se dedican directamente a dañar, amarrar, enviar a oscuridad y a torturar *almas*. Sin embargo, el tiempo ha llegado para que cada uno decida lo que prefiere para su vida, ya que por ahora todos tenemos oportunidad para corregir nuestras malas decisiones presentes y pasadas para lograr *trascender*. Esto nos permite ver con claridad que cada uno será *responsable* de su *buena* o mala consecuencia. Obviamente, deberán tener en cuenta que sobre aviso no hay engaño. Amigo, sé *valiente* y que esto ya no te inquiete. Ahora sabes que la mayoría quizá cometimos el mismo error. Compréndelo, aún no teníamos el conocimiento para saber cómo conservar nuestra *alma*. ¡Alégrate! Ahora ya sabes cómo protegerla.

»Amigo, por lo que me mostraron a través de mi amiga, y sobre todo por mi vivencia, pude comprender que los demonios se aprovechan para dañar, abusar y hostigar el *alma*, sobre todo cuando la gente se encuentra dormida. Por supuesto, esto no significa que la gente no duerma, solo que, mientras den inicio a su proceso, traten de permanecer más alertas ahora que sabemos cómo están las cosas. Incluso si una persona cae en la mira de alguien que porta algún demonio, es muy difícil que pueda escapar de algún daño. Sin embargo, quienes porten su *tesoro interno* serán alertados para resguardarse. Amigo, alégrate, ¡su caída ya comenzó! Ahora solo enfócate en fortalecer tu *alma*. Recuerda, es tiempo de oportunidad para *trascender*. Por supuesto, debemos agradecer con gran *sinceridad y amor a la Fuente Suprema y a todos los seres que le acompañan,* porque, aun sin merecerlo, ¡nunca nos dejaron solos!

El amigo responde:

—¡Qué gravísimo error el que cometimos al ignorar y abandonar nuestra *alma*! Incluso es muy obvia la gran desventaja que tuvimos ante los poseedores de la maldad, ellos siempre siguiendo la aberrante voluntad de sus demonios y nosotros desprotegidos por no escuchar nuestro *tesoro interno,* la *voz de la Fuente Suprema*. Raí, urge que cada uno viva su proceso para *trascender.*

—Amigo, la *luz es conocimiento y verdad*. Es importante que empieces por darle opciones a tu *alma*. Aliméntala, motívala con información constructiva. Hay personas que nacieron con ese gran don y les encanta compartir información, conocimiento y a la vez motivar a las personas. Me atrevo a pensar que la mayoría no sabe que lo que en realidad alimenta, motiva y fortalece. Es el *tesoro interno* de la gente, el cual solo toma lo que considera excelente para su *traje físico*. Esto es lo que hace posible que muchas personas siempre continúen hacia delante. Amigo, es muy difícil que estas personas caigan en ignorancia, falsedad y palabra engañosa para ser encerradas en obscuridad.

—Raí, me ha quedado muy claro, incluso comprendo que nosotros como padres, desde que nacen nuestros hijos, debemos alimentar y fortalecer su *tesoro interno* para que jamás se desvíen de su buen camino. En realidad es maravilloso saber esto. Ahora comprendo claramente por qué el conocimiento es *luz* nos alumbra para tomar siempre las mejores decisiones con la guía de nuestro *tesoro interno*. Raí, ¡*estoy feliz*! —Amigo, es grandísimo el *amor* que nos tiene *la Fuente de Luz*. Aceptemos que, a pesar de nuestras graves y erróneas decisiones, inesperadamente nos está obsequiando esta gran oportunidad para nuestro propio bienestar. Amigo, nuestro gran poder está en el *alma* y, al mantenerla bien fortalecida, ningún demonio se atrevería ni siquiera acercarse. Sabemos que le temen a la *luz*. Es obvio que ya nada les funcionará, su caída es inminente. Recuerda que me lo mostraron claramente. Amigo, nuestro *tesoro interno* es quien conserva la *luz*, nos guía para identificar lo *bueno* y desechar lo malo. Ese es el motivo por que las entidades malignas siempre buscaron separarnos de él. En realidad, su malvado plan era que jamás lo descubriéramos.

Afortunadamente el tiempo se les terminó y nosotros sabemos que no estamos solos. Amigo, alégrate, muy pronto sabrán todos cómo alimentar y fortalecer su *alma* para protegerse.

»Amigo, a nosotros también de pronto se nos puede terminar el tiempo. Urge que reaccionemos y tomemos acción, *el Poder Supremo* siempre *respetó* nuestras decisiones, a pesar de que muchas veces no fueron las mejores. Sin embargo, ha venido a darnos una última oportunidad para liberarnos. Por supuesto, cada persona será responsable de tomar o no su definitiva *elección*. Sin embargo, debemos tener en cuenta que dependerá de la mayoría para que nuestro planeta no reciba una mayor sacudida, Amigo, solo quienes cuenten con su *tesoro interno* podrán reconocer *que se avecina un maravilloso cambio de vida para todos*. Es cierto, tal vez se presenten días difíciles, sin embargo estemos conscientes de que después de la gran tormenta siempre llega la calma, Amigo, confiemos, el mal tiempo pronto pasará.

El amigo dice: —Raí, sabemos que no cesan las guerras ni el caos, incluso cada vez se escucha de más enfermedades y situaciones realmente criticas. ¿Consideras que esto pudiera adelantar el gran *día del Poder Supremo?*

—Amigo, mucho cuidado con el demonio del miedo. Recuerda, solo debemos estar alertas para ya no caer en ninguna trampa de la maldad, sobre todo estar conscientes de que lo que ha de pasar pasará. Amigo, a pesar de la adversidad y de las circunstancias, debemos confiar. Lo mejor será aprovechar el tiempo para fortalecer la comunicación con nuestro *tesoro interno* y comenzar a realizar lo que nos haga feliz, hacer todo con *amor, bondad, respeto, justicia,* etcétera. Cubramos nuestra vida, casa, hogar, nuestro entorno, el mundo entero solo con la *esencia de la Fuente Suprema.* Por supuesto que podemos lograrlo. Amigo, esto ya comenzó.»Amigo, nuevamente gracias por tu gran apoyo, me ayudó mucho para tratar de detallar lo que me fue revelado a través de mi durísima vivencia. Incluso te confieso que con anterioridad quise dar a conocer el *Gran Aviso* pensando que tal vez los ataques cesarían. Sin embargo, más adelante pude comprender que lo revelado era a través de mi vivencia, y la realidad es que aún me faltaban experiencias por vivir. Sin embargo, ahora siento mucho gozo porque ha llegado el momento para darlo a conocer. Amigo, es importante echarle ganas, los *árboles sabios* me hicieron saber que nosotros podemos evitar un mayor daño a nuestro maravilloso planeta. Incluso es importante aceptar que es nuestra *responsabilidad* por supuesto espero que nadie se quiera engañar. Después del gran *día* de la limpieza global, la tierra solo quedará habitada por los que decidieron *trascender.* Sin embargo, los que no lo quieran creer y prefieran arriesgarse hasta el *día* final, tienen toda libertad de decidir lo que prefiera para su vida. Amigo, ¡*la Fuente Suprema* no obliga a nadie!

»Amigo, nuestras *almas fortalecidas* son una antorcha de *luz,* ¡ahora lo sabemos! Y a cada uno nos predomina la *esencia del maravilloso Tesoro de los Grandes Valores*: la *justicia, el coraje, la valentía, la persistencia, el orgullo, la dignidad, la sabiduría, la inteligencia, el amor, la bondad, el respeto,* etcétera. Amigo, ¿te imaginas si nos unimos todos? Sería posible alumbrar completamente hasta el escondijo del mal. Da por hecho que los que saldrán huyendo por no soportar la *luz* serían las entidades malignas y sus demonios. Amigo, esto haría posible el rescate absoluto de todas las *almas.* Sigamos hacia delante. ¡Sí se puede! ¡No estamos solos!

El amigo, al escuchar lo que dice Raí, brinca de su asiento para abrazarle. No logra contener su enorme alegría. En seguida responde:

—Por supuesto, nada sería más grandioso que el rencuentro de todas las *almas con su traje físico.* Y me queda claro: es posible lograrlo con la *esencia* del maravilloso *Tesoro de los Grandes Valores,* ¡Unámonos! *¡Trascendamos todos!*

Espero que nadie se confunda. Esto nada tiene que ver con una profecía, lo expuesto en este escrito se trata de un *Aviso Definitivo* y de una última oportunidad para *trascender.* Amiga, amigo lector, es tiempo para que tu *alma ocupe su trono.* Realiza tu *elección* antes de que el gran *día* tan esperado te sorprenda. Por supuesto, con gran *respeto* te digo: ¡*eres libre de tu decisión*!

www.ingramcontent.com/pod-product-compliance
Lightning Source LLC
LaVergne TN
LVHW091550060526
838200LV00036B/777